四特 教育系列丛书 SITE JIAOYUXILIECONGSHU

让学生出类拔萃

《"四特"教育系列丛书》编委会　编著

吉林出版集团股份有限公司
全国百佳图书出版单位

图书在版编目 (CIP) 数据

让学生出类拔萃 / 《"四特"教育系列丛书》编委会编著.
—长春：吉林出版集团股份有限公司，2012.4
（"四特"教育系列丛书 / 庄文中等主编 . 课堂教学与
管理艺术）
ISBN 978-7-5463-8728-4

I . ①让… Ⅱ . ①四… Ⅲ . ①中小学生－学习方法
Ⅳ . ① G632.46

中国版本图书馆 CIP 数据核字（2012）第 044378 号

让学生出类拔萃
RANG XUESHENG CHULEI BACUI

出 版 人	吴 强	
责任编辑	朱子玉　杨 帆	
开　　本	690mm×960mm　1/16	
字　　数	250 千字	
印　　张	13	
版　　次	2012 年 4 月第 1 版	
印　　次	2023 年 2 月第 3 次印刷	

出　　版	吉林出版集团股份有限公司
发　　行	吉林音像出版社有限责任公司
地　　址	长春市南关区福祉大路 5788 号
电　　话	0431-81629667
印　　刷	三河市燕春印务有限公司

ISBN 978-7-5463-8728-4　　　　定价：39.80 元

前　言

　　学校教育是个人一生中所受教育最重要的组成部分,个人在学校里接受计划性的指导,系统地学习文化知识、社会规范、道德准则和价值观念。学校教育从某种意义上讲,决定着个人社会化的水平和性质,是个体社会化的重要基地。知识经济时代要求社会尊师重教,学校教育越来越受重视,在社会中起到举足轻重的作用。

　　"四特教育系列丛书"以"特定对象、特别对待、特殊方法、特例分析"为宗旨,立足学校教育与管理,理论结合实践,集多位教育界专家、学者,以及一线校长、教师的教育成果与经验于一体,围绕困扰学校、领导、教师、学生的教育难题,集思广益,多方借鉴,力求全面彻底解决。

　　本辑为"四特教育系列丛书"之《课堂教学与管理艺术》。

　　目前,在我国的学校教育中,课堂教学仍然是一种主要的教育教学活动,要想有效地提高课堂教学质量与效果效率,就必须充分尊重和应用教育科学理论,系统学习、研究、提高课堂教学艺术水平,这不仅是对课堂教学的客观要求,而且是教育教学研究的发展趋势之一。因此,有志于从事教育事业去当一名教师的教育专业学生,都有必要去学习、研究课堂教学艺术,为今后做一名合格的教师进行充分的准备。本书把教育教学理论和教育教学实践有机地结合起来,系统地研究课堂教学的规律和实践,研究教学过程中的各种实际问题。

　　本书还有另一个很明确的目的,那就是:确立班级管理的专业地位,提升师生教学质量。我们从学生、教师(班主任)的角度分别进行说明。班级管理是门艺术,大凡艺术殿堂的攀登,都需要自觉的奉献;班级管理又是门科学,涉及科学领域的探索,必依赖智慧的涌动。希望本书的出版,能为工作在第一线的广大中小学班主任提供一个支点,同时,能唤起一部分对班主任工作感兴趣的专家学者的热情,共同来研究这个新课题,让班主任班级管理这项至关重要的工作,更具科学性和艺术性。这也是本书编写的意义所在。

　　本辑共20分册,具体内容如下。

　　1.《怎样把课说好》

　　"说课"是深化教育改革,探讨教学方法,实践教学手段,提高教育教学业务水平的一种好方法,也是教师进一步学习教育理论,用科学的手段指导教学实践,提高教学科研水平,增强教学基本功的一项重要方法。本书主要从说课准备、精心设计与组织说课材料、幽默为教法服务、情感学法说课、辅助教学程序、互动教学目标、应对说课失误和总结说课经验等方面来进行铺垫和阐述。我们站在说课者的角度,多层次地模拟了说课中遇到的各种问题,并提出了相应的改进措施,希望教师在说课中少走弯路,对于日后的说课教学能有更大的帮助。

　　2.《怎样设计教学情境》

　　本书着重探讨了如何使新课程提倡的自主学习、探究学习、合作学习真正进入课堂之中。通过介绍西方课堂设计的理论和教学策略,总结国内课堂教学改革的成功经验,为教师进行有效的课堂设计提供切实的指导和帮助。

3.《怎样把课备好》

备课能力是一个教师最基本的业务能力。备课是教师教学活动的一个重要组成部分，也是上好一堂课的前提和重要保证。教师要上好课，首先必须备好课，备课是一项深入细致的工作，是教师达成良好教学效果的关键。教师备课最需要用"心"、用"情"、用"力"和重"思"。

4.《怎样把课上好》

课堂动了，学生活了，互动、对话成为课堂教学的常态了，课堂上出现一系列变动不居的场景也就在情理之中了。教师根据课堂教学中生成的各种资源，形成后续的、新的教学行为。动态成为常态，生成成为过程，这些教学的新要求是上课时教师需要加以灵活掌握的，也是本书所要介绍的。希望通过本书，教师不仅能获得教学的新理念，同时能获得基本的教学策略。

5.《走出教学雷区》

学识、经验、能力、性格、思维等诸方面的限制，导致教师在认识和行动上产生了偏差，在教学过程中走入误区在所难免。本书列举了日常教学工作中教师常出现的一些问题甚至错误，分析这些问题产生的根源及这些问题在教学中的呈现形式，提出解决的方案，引导教师避免或者走出误区，通过"行动—反思—再行动—再反思"，引导教师做一个反思型教师，促使教师在专业化的道路上更快地成长和进步。

6.《让学生出类拔萃》

在学校里，尖子生往往是重点培养对象，集"万千宠爱"于一身。但是作为教师，不能被尖子生"一俊遮百丑"而忽视对他们的培养和教育。教师应该正确认识和了解尖子生，做好培优工作，积极引导，严格要求，满足他们强烈的求知欲，充分施展其才能并通过尖子生积极进取的态度、较好的学习方法影响和帮助其他同学共同发展，使全体学生成绩不断地提升。

对尖子生的培养是一项艰巨而漫长但又极具乐趣的工程，希望通过本书的学习，我们的教师都能发现千里马，精心、尽力培养，让他们跑得更快、更远！

7.《一对一教学》

在中国，"一刀切"式的教学方法普遍存在于课堂中，然而，每个学生特点各异，只有建立在了解学生基础上的个性化教学才能使学生受益无穷。

不是崭新的课本、新潮的教学技巧，也不是最新的教学设备，唯有优秀的教师才是学生成功的关键。坚信我们有责任坚持不懈地寻找和发现优秀的孩子，我们也要认识到每一个孩子都与众不同。本书致力于了解我们的学生并找到适合各个学生的教学方法，因材施教。

8.《让课堂动起来》

教师如何形成新的课堂教学艺术技巧、如何让课堂变得更加生动有趣，正是本书论述的要旨所在。

教师要上好一堂课，除要有热情与高度的责任感之外，还要有渊博的知识和一定的讲课技巧，教师必须认真备课、多动脑、多想办法，有了一定的授课技巧，课堂就会时时呈现出精彩！

9.《不怒自威》

本书以清新的笔调、翔实的案例向教师娓娓道来：要树立起自己的威信，教师除了要师德高尚、敬业爱生、专业精湛、诚实守信、仪表得当，还要宽严有度、教管有方、赏罚分明、公平公正。只有这样，学生对教师才能心悦诚服，也只有这样，教师才不会在"学生难管"的哀叹中失落教育的权威。

10.《好学生是怎样炼成的》

行为变为习惯，习惯养成性格，性格决定命运。一个动作，一种行为，多次重复，就能进入人的潜意识，变成习惯性动作。习惯对每个人梦想的实现，命运的选择起到了决定性作用。青少年正处于一个习惯的塑造和培养期，养成良好的习惯会让每个孩子都成为好学生，会使其受益终生。

11.《与后进生说拜拜》

本书以新颖的创作手法和情真意切的教育语言从多个方面阐述了怎样对后进生进行转化，如何正确认识后进生，坚守对后进生的教育之爱，唤起后进生向上的信心，解开后进生的"心结"，有针对性地解决后进生的"问题"行为，加大对后进生的学法指导，提升后进生的自身能力，善用工作技巧来解决后进生问题，走出教育后进生的误区。本书有较强的可读性、针对性、实用性和可操作性，为教师转化后进生的教育工作提供实际性的参考和切实有效的帮助。

12.《从管到不管》

课堂管理艺术和技巧是以学生发展为本的，是教师教学智慧的新表征，是教学实践的经验概括和理性提升，本书所阐述的艺术和技巧是简约的，实用的，可操作的，可借鉴的。教师通过本书的阅读和借鉴，能够在新课程实践探索的道路上，不断更新课堂管理理念，优化课堂管理行为，形成新的教学本领和新的课堂管理艺术，让课堂教学焕发出生命的活力。

13.《把握好教学心理》

为了帮助读者成为"有意识的教师"，作者提出了若干问题以引导学生思考和学习，并列举大量课堂实例作为实践范例。本书鼓励教师去思考学生是如何发展和学习的；鼓励教师在教学之前和教学过程中作出决策；鼓励教师思考如何证明学生正在进行学习、正在迈向成功。本书反映了当前有关的新理论与新进展，所介绍的各种研究结论在课堂实践中得到了验证与应用。该书所倡导的兼收并蓄的均衡教学为教学的专业化发展奠定了基础。

14.《完美的班规》

优秀的班集体需要制订切实可行、行之有效的好班规。本书采用了通俗的创作方法，把死板的道理鲜活化，把教条的写法改变为以案例为主，分析、评点为辅，把最先进的教育理念和方法融入有趣的情境中。经典的案例，情境式的叙述，流畅的语言，充满感情的评述，发人深省的剖析，娓娓道来、深入浅出，让教师更充分地领会先进、有效的教育方法。

15.《让问题学生不再成问题》

班级里总有那么一些学生：有的顶撞老师，经常迟到；有的迷恋网络，偷拿钱物，早恋；有的对同学暴力相向，甚至离家出走。教师在他们身上花费很多精力，然而收效甚微。教育这些学生，需要耐心，更需要教育的智慧。

本书是一部针对这类学生为教师提供方法的教育研究专著，也是一部关于问题学生的教育学通俗读物。本书以教师最头痛的问题学生为突破口，努力在这个问题上把智慧型教育理论化、具体化、可操作化，且适当规范化。这既是教育问题学生的一本"医书"，也是教师科学思维方式的培训教材。

16.《消除师生间的鸿沟》

本书在编写中，尽力以轻松的笔调来"海阔天空"地谈论教育中的师生关系这一敏感问题，以求能让读者在阅读中有快乐、有启发、有思辨。本书各篇章采用夹叙夹议的编写风格，叙述的是事例，议论的是道理。为了最终能让读者更广泛、更深刻地明白教育道理，本书一般通过"生活事例——生活道理——教育道理——教育案例"这种内外结合、纵横交错的行文方式，实现"顺理成章"的阅读品质。

17.《用活动管理班级》

随着社会和教育的发展，我们对班级的认识也经历着一个相应的发展历程。班主任的角色定位与对班级性质的认识应该是相匹配的。班级活动作为班级功能主要的承载体，在功能、形式和内容上同样需要在新课程背景下重新定位。本书紧扣班主任专业化发展这一核心理念，从班主任实际工作需要出发，由案例导入理论问题，由理论联系实际，突出案例教学与活动的组织和设计，不仅贯彻教育部提出的针对性、实效性、创新性、操作性等原则，而且便于进行系统、有选择性的培训。

18.《学生奖惩艺术》

现在的学校普遍提倡激励教育，少用惩罚性处罚手段，认为处罚只能打击学生的自尊心，使学生丧失上进和改正缺点的动力。但是，激励不是万能的。教育不能没有处罚，没有处罚的教育是不完整的教育。本书针对教师如何奖励和处罚学生进行了系统而深入的分析和探讨，并提出了解决这一问题的新思路、可供实际操作的新方案，内容翔实、个案丰富，对中小学教师颇有启发意义。本书体例科学，内容生动活泼，语言简洁明快，针对性强，具有很强的系统性、实用性、实践性和指导性。

19.《永葆教育激情》

谁偷走了中小学教师的激情？生命中不能承受之重对教师起到了什么影响？教师职业倦怠的原因在哪里？克服倦怠的具体行动有哪些？如何正确认识和驾驭工作压力？……这些问题就是本书要为你回答的。本书对教师的职业倦怠进行了系统而深入的分析和探讨，并提出了解决这一问题的新思路、可供实际操作的新方案，内容翔实、个案丰富，对中小学教师颇有启发意义。

20.《超级班级管理法》

班级管理是门艺术，大凡艺术殿堂的攀登，都需要自觉的奉献；班级管理又是门科学，涉及科学领域的探索，必依赖智慧的涌动。本书是多位优秀班主任集思广益、辛勤笔耕的结晶。一是实用性，所选的问题都来自班主任的实际工作，容易引起班主任的同感；二是可操作性，提出的应对方法都简便易行；三是时代性，所选问题与当前课程改革相结合，具有浓厚的时代气息。

由于时间、经验的关系，本书在编写等方面，必定存在不足和错误之处，衷心希望各界读者、一线教师及教育界人士批评指正。

编者

C目录
ONTENTS

第一章　正确对待尖子生 …………………………………… （1）

　每个学生都可以是尖子生 ……………………………… （2）

　学校不单是尖子生的学校 ……………………………… （5）

　精心呵护尖子生 ………………………………………… （8）

　喜爱而不溺爱 …………………………………………… （11）

　好心也有可能办"坏事" ……………………………… （12）

　走出面对尖子生的两难困境 …………………………… （15）

第二章　加强尖子生的教育 ……………………………… （19）

　尖子生不等于全优生 …………………………………… （20）

　优秀学生的管理，只能加强不能削弱 ………………… （21）

　洞察尖子生背后的问题 ………………………………… （23）

　多教给尖子生一些实用的东西 ………………………… （26）

　理智处理尖子生"犯规" ……………………………… （29）

　别制造出"没良心的好学生" ………………………… （31）

　要敢于对尖子生说"不" ……………………………… （33）

　帮尖子生找到生命的意义 ……………………………… （35）

　切勿让德育成为虚伪和丑陋的代名词 ………………… （37）

第三章　莫轻视尖子生的德育 …………………………… （39）

　成绩重要，品行更重要 ………………………………… （40）

　培养尖子生的责任心 …………………………………… （42）

　培养尖子生的集体荣誉感 ……………………………… （47）

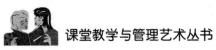

培养尖子生的诚信意识 ……………………………（57）

让尖子生做个守规则的人 …………………………（59）

唤起尖子生的同情心 ………………………………（66）

培养尖子生的宽容心 ………………………………（69）

既"小题大做"又"大题小做" …………………………（72）

第四章　关注尖子生的心理问题 ……………………（79）

尖子生的心理问题更让人担忧 ……………………（80）

正视现实，冷静应对 ………………………………（82）

适当满足尖子生的心理需求 ………………………（84）

失败面前，别给尖子生挖"精神陷阱" ………………（86）

扭转尖子生的急功近利倾向 ………………………（87）

教会尖子生正确应对考试 …………………………（93）

帮助尖子生理性面对考试失误 ……………………（99）

锻炼尖子生的耐挫力 ………………………………（101）

第五章　教育尖子生要讲究智慧 ……………………（105）

用心管理，用力打造，用爱感化 ……………………（106）

尖子生也需要鼓励 …………………………………（111）

培养尖子生的六大要领 ……………………………（115）

不妨剑走偏锋 ………………………………………（125）

注重批评的艺术性 …………………………………（129）

巧借"他山之石"，给尖子生以动力 …………………（133）

有效发挥共生效应 …………………………………（135）

让尖子生学会合作 …………………………………（137）

非智力因素的培养更重要 …………………………（139）

第六章　避开尖子生教育的误区 ……………………（145）

要教育孩子，先学会理解孩子 ……………………（146）

关注尖子生的发展后劲 ……………………………（148）

让步不能失去原则性 ………………………………（152）

爱学生，并不排斥严格要求 …………………………………… （155）

不要迷信"师严" …………………………………………………… （162）

"偏爱"不可忽视群体 ……………………………………………… （165）

"完美主义"要不得 ………………………………………………… （167）

聪明的孩子为什么成不了尖子生 ………………………………… （172）

大自然是孩子最好的老师 ………………………………………… （177）

早期教育重在培养孩子的思维能力 ……………………………… （182）

让孩子带着"我要上学"的欲望走进学校 ……………………… （186）

不断激励孩子挑战自我 …………………………………………… （193）

帮助孩子不断提高学习能力 ……………………………………… （197）

学校的每个学生都有着无穷无尽的发展潜能，作为教师，我们应该具备一双善于发现的眼睛，捕捉和发现每个学生的优势智能。我们应该正确看待所谓的"尖子生"和"后进生"，最大限度地使每个学生都能得到全面发展。除此之外，对待个别的"尖子生"，我们也要清醒理智，精心呵护但不溺爱放纵，诚心培养而不倚重卖弄。

每个学生都可以是尖子生

　　生命如同璞玉，如果未经打磨，可能永远只是石头的芯而已；所有的价值，若一开始被视而不见，就可能永远不见天日，被尘封、被埋没。这是人生的悲剧，更是教育的悲哀！然而，一旦遇到了慧眼和巧手，一切都会不同。作为教师，所有的智慧都与"发现学生"有关。

　　教师要相信每个学生都有自己的闪光点，要唤醒他们的潜力和灵感并持之以恒。

　　中国教育学会重点课题"借鉴多元智能理论，开发学生的潜能"的研究成果引起我们对传统学生观的审视和反思：在教师的眼中，每个学生都应该是尖子生！

　　美国学者霍华德·加德纳的多元智能理论主要阐述人的智能是多元的，每个人同时拥有多种智能，如自我认识智能、人际交往智能、身体运动智能、视觉空间智能等，只是这些智能在每个人身上以不同的方式、不同的程度组合存在，从而使得每个人的智能和个性各具特色。

　　多元智能理论警示我们重新审视传统的学生观：传统的单一以学习成绩评价学生的学生观，只重视学生的语言智能和数理逻辑智能，即所谓的智商。其实，每个学生都有自己的智能长项，作为教育工作者，我们应该树立"每个学生都是尖子生"的学生观。

　　有位班主任讲过这样一个真实的案例：

　　我带的是初中班，有一位姓李的学生，初二时，数学已有点跟不上了，而且脾气倔，不但跟几位老师顶过嘴，甚至有一次还跟老师闹对立，把教室的锁眼塞上火柴棒，导演了一出令全班进不了教室的闹剧。初二下学期，他因跟一个社会上的不良青年打架，被学校给予了"留校查看"

处分，某老师还想赶他出校门。但是，这位同学也有不少优点：作文写得很不错，语言流畅、活泼；演讲有气魄，曾代表班级以"做军事家是我的理想"为题参加演讲，获得学校第一名，又代表学校获市演讲比赛学组第四名；在工作上，他有组织能力，是"孩子王"；篮球打得好，是校队的主力队员。鉴于以上特长，我斟酌再三，不仅没有放弃他、推他出校门，还重用他：让他当班里的体育委员，让他参加演讲，给他施展才能的机会。他心想：自己受了处分，没被开除，反而受到老师的信任，一定要干出个样来，不给班主任和学校丢脸。就这样，他一直坚持到初中毕业，并应征入伍到了某军区，后来被保送到武警高等学府——当上了中尉警官。现在回想起来，如果当时苟同了那位老师的意见，把他赶出校门，那么他只会堕落下去。国家的富强需要多方面的建设人才，在校期间个别学科成绩不太理想的学生，或纪律性稍差的学生，不等于体育、绘画、公关、音乐、实际能力等方面都不可造就。教师不可见木不见林，放弃对一部分学生的教育，扼杀千里马。作为教师，应时刻记住：玉不琢不成器。

这个案例告诉我们，教师要善于运用教育策略，捕捉和发现每个学生的优势智能，再调动和利用每个学生的优势智能，从而促进和带动每个学生弱势智能的发展，最终达到学生全面发展的终极目的。因此，作为教师，应该相信每个学生都是独特的，也是出色的。

世俗意义上的后进生往往是语言智能和逻辑数理智能不突出，导致成绩不好的学生。多元智能理论告诉我们，不要单纯以学习成绩的好坏来评判一个学生。在21世纪这个崇尚张扬个性、倡导价值多元化的社会，简单地看重分数只会使人忘记天赋的原始含义，扼杀大量的人才。用多元价值判断学生，充分挖掘学生的潜能，才能打开学生的心灵之窗。

安妮·莎莉文在教育丧失视觉和听觉的七岁女孩海伦·凯勒时写给家人的一封信可以使我们受到启发，她的信是这么写的：

"我现在必须解决的问题是既要规范和控制她的行为，又不能伤害她的心灵。我只能非常缓慢地、一点一点地进行，并试图赢得她的爱。"

确实，正如鲁迅所说："辱骂和恐吓绝对不是战斗。"诚然，最让教育者头疼学生往往自我认识能力和自制力比较差，常常会出现屡教不改的现象。对此，相当一部分教育者只是一味地责备，甚至以侮辱学生人格为代价企图唤醒他们的自尊。羞耻之心是人的道德底线，长此以往会导致学生自尊心的麻木，造成自我放弃，甚至还会引起他们的逆反心理，以特立独行、违反教育者的"旨意"来反抗从而体现自己的"价值"。对班级个别逆反心理比较强的学生，教育者特别是班主任应该不急躁、不愤怒，更不要孤立、放弃；而要动之以情，晓之以理，要以尊重、鼓励、爱心、耐心为武器，去寻找那把能打开他心门的钥匙，做他的朋友。

以"多元智能理论"为依据，对所谓"后进生"的教育应该遵循下面几点策略。

1. 就事论事，不提旧账

苏联著名教育家苏霍姆林斯基说："让每个学生都抬起头来。"每一个学生，特别是"后进生"更需要倾诉，更需要真诚的聆听，教师更需要给他们申诉的权利和机会。

2. 避免"晕轮"，一视同仁

受晕轮效应的影响，教育者往往武断地根据"后进生"成绩不好就忽略了他的其他优势智能。

3. 以毒攻毒，创造机会

"后进生"更需要成功的体验，需要证明自己，需要体现自己的价值，更需要尊重和信任。最好的做法是创造机会，提供环境，发展"后进生"的优势智能，给他压力，使压力变成动力。例如，身体运动智能发达、贪玩的学生可以当体育委员，教师帮助、鼓励他获得成功。在学生悦纳自己、重拾自信之后，再引导他把这种信念、情感向学习等方面迁移。

4. 爱心、耐心、责任心永远是教育"后进生"的有力武器

爱心。爱是教育的润滑剂，作为教师，特别是班主任，对学生要一视同仁。班主任要继承儒家"有教无类"的泛爱精神。教师的爱如春风化雨，"随风潜入夜，润物细无声"，教师的爱应该滋润每一位学生的心田。

耐心。十年树木，百年树人。教师收获的是精神成果，对人的教育是一个漫长的反复熏陶和渗透的过程，不可能立竿见影。作为教师，不能轻易放弃"后进生"，要踏踏实实从点滴做起，从学生细微的进步中体味乐趣。人是世界上思想最复杂的动物。教师的工作对象是学生，是世

界观和价值观尚未形成的人，而且每个学生的思想和心理又是在时时刻刻变化的，所以要关注每位学生的成长，要协调班级同学的关系，而这些都离不开耐心。

责任心：韩愈在《师说》中云："师者，所以传道授业解惑也。"作为班主任，除承担教学任务，扮演人类文化传承者的角色外，还要做一个管理者，管理班集体，管理学习；一个组织者，组织教学，组织学生参加文体活动；一个心理医生，做学生的思想工作；一个社交高手，协调同学之间的关系，要做"家校"联系的桥梁，要做学生和学科教师之间的纽带。对国家负责，对学校负责，对家长负责，对知识分子的良知负责，这份责任心，是扮演好这些角色的基础，更是不放弃任何一个学生的充足理由。

总之，作为教师和班主任，只要观念正确、方法得当，富有耐心、爱心和责任心，就一定能让每一个学生都成为尖子生。

学校不单是尖子生的学校

曾在媒体上见过这样两篇报道：

● "等级在 7A2B 以上或总分在 700 分以上，且语文、数学、英语三科总分在 110 分以上者，报考我校奖励 5 万元、免交 3 年学费；高中毕业时若考上重点大学，另奖励 3 万元……"这是泉州某中学在媒体上刊登的高中招生广告。

● 虽然离"小升初"还有 3 个多月，但记者近日在一些实验小学采访时发现，不少重点中学已提前行动，"潜入"小学寻觅成绩优秀的尖子生，特别是特长生，一旦相中就和学生及家长私下谈判，以种种优越条件把学生提前"挖"走。

一位实验小学的校长告诉记者，这些重点中学寻找尖子生的方式一般有三种：一是去各种奥数、奥语班探察情况，听教师或学生介绍；二是关注在各种竞赛中获得一等奖、二等奖的特长生，他们往往是最"抢手"的人才，比如在去年举行的一次计算机竞赛之后，某重点中学立即把视线瞄准了 5 名一等奖的学生，打听到电话号码后，随即与其家长联系；

三是通过举办冬、夏令营等，网罗学生参与，从中发现优秀者，再展开"攻势"。还有的中学和小学订有"条约"，每年选送一批品学兼优的保送生。

据了解，这些重点中学为了确保"挖人战略"万无一失，往往采用多种渠道打动对方。例如：和家长谈判，以"不交钱"进特长班等优厚条件晓之以利；再和学生谈，带学生去学校参观，展示这是最有利于他今后发展的地方；有的甚至还和家长"订合同"，列清条款以免家长和学生反悔另择其他学校。在这样强大的"攻势"下，很难有学生及家长能抗拒得了诱惑。这位实验小学的校长坦言，实行就近入学或电脑派位后，重点中学生源良莠不齐，为了能招徕优秀学生而用心良苦，完全可以理解。毕业的小学生能直接升入好学校，他们也很高兴。但这场优秀学生争夺战也的确给学校带来了不少麻烦，大多数优秀的学生或考外国语学校，或被暗中挖走，导致学区内的中学招不到优秀生源，常常会对小学表示不满，让他们也很为难。

当然，类似的报道还有很多。比如，以丰厚奖学金"抢英才"，以诱人的承诺"招状元"，渐成各学校选拔录取的新景观。对于多数考生家长来讲，这种吸引力无疑是巨大的，特别是对一些无法承担高额学费的尖子生而言，这笔钱可以免除他们求学及发展的后顾之忧。至于学校，能够"得天下英才而育之"，保证家境贫寒的尖子生无生活压力之忧，不致因高额学费而影响学业发展，实在是一件大好事。这种吸引尖子生报考的做法，不可否认是对人才的重视，称得上是一件好事，但是有一些问题，尚需要进一步商榷。

（1）此种招生背离了应有的教育规范，不得人心。据调查发现，对于学校抢生源的做法，大多数人都十分反感，不少家长和考生都埋怨说，自己的生活、学习和工作都受到了影响。而在这场尖子生抢夺战中唱主角的学校和老师，也是满腹苦水：学生的呼声是，给我一个安静的学习环境；家长的抱怨是，别再拿孩子的事来烦我了；教师的控诉是，教学秩序受影响谁来负责；校长的无奈是，每天跑招生如何务正业。

（2）在现行的应试教育体制下，何谓优秀人才标准，什么是优质生源？高分考生乃至状元，是否就是名副其实的"精英"？单纯的经济手段或诱人的承诺，能否吸引优质人才？而每个学校都力争在自己所能达到的范围之内尽可能多地"掐尖",无疑会埋没更多人才。

（3）学校不惜重金招徕尖子生报考,就能如愿以偿吗?这样做,不否认保障了极个别学生的权益,但同时也损害了大部分学生的权益。事实上,学校一边在重奖,同时也在高收费。而中等教育收费的失序状态,不仅使不少学子的求学梦破灭,家长钱花得也不明不白,已经招致民怨沸腾。可以说,目前最需要投入的,不是招徕尖子生的奖学金,而应是如何将天价学费降下来,让每一个有潜力的学生能够上得起学、成得了才。

（4）众学校吸引尖子学生的做法,实际上也折射出不合理的招生竞争。据了解,有些地方高中学校的"优质"初中毕业生争夺战在每年4月份就拉开了序幕。在这场无声的战争中,各校是"八仙过海各显神通"。大家都在抢好生源,那些抢不到好生源的学校,教师的积极性、教育教学心理也会受到影响。

（5）这反映了一种明显的教育不公。这种做法的背后就是利益驱动,它不仅违背教育科学规律——好学生不是教出来的,而是抢来的,而且是在人为地制造教育不公。

①能够抢到尖子生的一般都是城市学校、重点中学,它们利用政策优势、资源优势争夺到优秀生源,得以进一步强化自己的优势,可以进入良性循环状态,办学条件越来越好;而农村学校和普通学校则陷入恶性循环,办学条件越来越差。结果就是少数学校为了自己的利益,损害了大多数学校、教师和学生的利益,更损害了整个社会的利益。

②尖子生享受特殊待遇在学校内部也是一种不公平,在损害大多数普通学生的利益。一方面,教育对待所有的学生应该是一视同仁的,给尖子生开辟特区,表面上是"因材施教""分层教育",实质上是"有类无教"。另一方面,当前各公办高中的教育经费主要有两个来源:一是国家财政拨款,用的是纳税人的钱;二是学生交的学费。尖子生住豪华套房也好,拿生活补贴也好,用的都是纳税人的钱和其他同学交的学费。

因此,我们必须对尖子生保持清醒的判断。尖子生不过是应试教育的产物,对尖子生的过度追捧,必然会导致应试教育的积重难返。事实上,看一所学校办得好不好,不是靠尖子生来撑门面,而是要看是否全体学生都受到良好的教育。教育,应该是因材施教,对所有的学生一视同仁,这才是教育的初衷。作为学校,应该把更多的时间花在教育质量的提高上,而不是耗费大量人力、智力、财力在不正当竞争上。而要破除人为的"掐尖",现在迫切需要改革的是评价制度,不仅要改革对学校的评价制度,更要改革对学生的评价制度,不能总是单纯地以高分"说话",不能总是让选拔制度陷入"高分教育"的泥潭。

总之,作为学校和教师,我们必须记住一句话:教育公平是每个学生都应该享有的,学校并不单是尖子生的学校。

精心呵护尖子生

有位教师讲过这样一件事:

刚吃过午饭,从食堂往办公室走。一路上,边欣赏着美丽的校园,边看着孩子们开心地嬉戏。

走到三楼楼梯时,"哎呀!……"一个小女孩迎面撞在我的怀里。随之而来的,是一群孩子跟在后面。我把这几个孩子拦住了,再仔细一瞧,令我大失所望。是我们班里的几个女生,一共7个。

这是怎么回事?我感到有些莫名。于是,7个女生被我叫到办公室询问原因。她们毕恭毕敬地站成了一条直线,算是对我的尊敬?还是害怕我?

我很轻松地开玩笑道:"你们这么急,准备赶往哪里去开会?"王同学似乎听不出我的玩笑话,一本正经地回答:"我们不是去开会,而是……"她认真严肃的态度,令我感到吃惊。周同学接着说:"我们是去追陆同学的,她欠我们钱。"

她的话,更是令我大吃一惊。陆同学?欠这么多人的钱?她是一个很优秀的女生啊!她的英语成绩经常保持在班里前几名,而且小组长工作也是那么负责认真,在劳动方面也表现得很能吃苦,最令我感动的是她坚持在"教育在线"上发表自己的日记,与同学交流学习心得体会。她给我留下的印象并不像这个女生所说的那样。

"什么?陆同学?陆同学欠你们钱?都欠你们吗?"我不相信自己的耳朵,又问了一遍。

平时沉默寡语的沈同学也回答说："是的。她欠我们这7个人的呢！""怎么可能呢？是她向你们借的？还是？"我继续关心地问道。"是的，她欠我最少，5角。是30日回家的路上向我借的，她说今天还给我的，于是我就去向她要。"徐同学说。徐同学是班里的贫困生，在学习上我经常给予她一些帮助，给她些本子、铅笔之类的学习用品，为此她很感激我，非常听我的话。她应该不会说谎。于是，我一个个地询问："陆同学是在什么时候向你们借钱的？借了多少？知道她是派什么用场吗？"她们都一一地告诉了我，我认真地聆听着。借的原因有买零食吃，有买学习用品……有的是最近借的，都答应马上还的，可是一个人的钱都没有还，有的还是在上个年级的时候借的呢！

听到这些消息，我真的不敢相信，也不愿相信这是真的。可事实摆在眼前，这些学生不可能个个都说谎，再说在我面前，他们也没有必要说谎。我不得不相信这些话是真的，我不得不相信这个看起来学习、工作都很优秀的学生原来并不是所有的方面都是优秀的。现在看来，情节相当严重！我在思考该如何处理好这件事情，处理不好会伤害孩子们之间的感情、同学之间的友谊，处理不好会伤害一个"尖子生"的自尊心，会使她失去对学习、生活的乐趣，会使她抬不起头……

怎么办？我思考了好久，还是没能想出一个很稳妥的方法来处理这件事。我想总归要让陆同学面对这些同学，毕竟在一个班级里，低头不见抬头见。她应该勇敢面对现实，大胆正视自己的错误，努力改正。于是，我叫其中一个女生去把她叫到我办公室里。想到办公室人多嘴杂，考虑到孩子的自尊心会受到伤害，我便把她们8个人叫到了走廊的角落里，"秘密"地处理这件事。我心平气和地对陆同学说："刚听她们说，你向她们借了点钱用来买学习用品和零食，不过有借有还才对呀！借了人家的东西要及时还给别人，下次有困难时别人才会再帮助你，你说对吗？她们当初借给你钱是对你充满了信任。互相信任是友好、团结相处的前提。那你也不能失信啊！答应人家要还的，就要及时还，如果有困难，那可以和她们商量，或打个招呼，过段时间再还，人家一定会谅解你的。现在你有困难吗？有困难陈老师帮你还掉，不过你得保证下次再也不能失信了，要不别人也会对你失去信任的。"我叫了一个女生到小卖部里去换了零钱，分别还给她们。然后，我叫其他学生回教室，并保证不向任何人提起此事，这是我们9个人的秘密，一定要保守。她们都答应了。

她们走后，陆同学在我面前终于流下了眼泪！这眼泪是真诚的眼泪吗？这眼泪是悔过的眼泪吗？是我的宽容使她感动了吗？是我的大度使她悔过了吗？是她真正知道自己的错误了吗？从来办公室到现在她没有讲过一句话，只是用肢体语言与我交流，也许在她们面前，她难为情，也许……我害怕失去这位优秀的学生，我害怕我伤害了她的自尊……现在她终于开口了："陈老师，我错了！对不起！我错了！那些钱，我会尽早还你的！在你心里，我是不是变得不好了？以后我改了，还是好学生吗？"

虽然欠得不多，只有几块钱，但这几块钱弄不好就会从我身边拽走一个尖子生。我真心回答了她："你在老师心里永远都是好学生。没有人不犯错，关键在于犯了错后能不能及时改正。你改了，在老师眼里还是那么优秀！好了，现在什么也别想了，下午好好上课。"

整个下午我一直在观察她的举动。在我的课上，她几乎不敢抬头看我的眼睛，我不知道她是在想我有没有改变对她的看法？还是觉得难为情不敢正视我？我真希望她能克服心理障碍，战胜自己，勇敢面对这一切。让我担心的不仅仅是她，更多的是我们老师眼里的尖子生。原来，尖子生并不是在各个方面都是优秀的，他们的学习可能都是优秀的，可他们的思想、品德是不是都符合一个优秀学生的标准呢？所以，我们老师在把大部分爱洒向后进生的同时，也要将爱分些给我们的尖子生，关心他们的言行举止，让他们成为真正优秀的学生！让所有的孩子都能茁壮成长！

确实，像这样的案例比比皆是，这启示我们，尖子生也需要教师的理解和精心呵护，尤其是在心理上。

对于尖子生心理上的精心呵护，作为教师至少应从以下三方面着手。

（1）允许犯错，不能厚此薄彼。教师对尖子生的要求严一些，这无可厚非；但有时他们所犯的错误体现了和同龄人的共性，偶尔有之，不能厚此薄彼。

（2）常敲"警钟"，不能一味表扬。教师对尖子生一味地表扬，会无形中加重他们的心理负担；而经常性的提醒和鞭策，一方面能使他们认识到自己也是平凡的人，另一方面心理上能得到"耐挫"训练。

（3）经常谈心，不能置之不理。许多教师认为尖子生不关心也会发展得很好，不需要在他们身上多花时间，他们把更多的关爱倾注在后进生身上。其实，尖子生更需要和教师多沟通。教师经常和"尖子生"谈心，才能摸准他们的思想脉搏，有的放矢，更好地发挥他们的特长。同时，尖子生的心理压力也会在和教师的交谈中得到合理释放。

总之，一句话，精心呵护尖子生和给后进生多一点关爱，两者同等重要。

喜爱而不溺爱

近几年来，学校里有两种学生不好教育，一种是问题家庭的学生，另一种是尖子生，因为"他们太脆弱"。"他们脆弱的最突出表现就是无法面对失败"，每年新接一个班，都需要下很大的力气去教育这类学生，才能使他们认真地学习和接受教育。

这是为什么呢？

我们不妨先来看一个案例：

上课的铃声响起，我跟平时一样进入教室上课。先是听写英语单词，然后是讲解英语练习题。在讲解过程中，我发现一个女生在修剪指甲，正是本班尖子生A某。我语气和缓地批评道："你把指甲修得这么漂亮啊。"她不好意思了，说："老师，你怎么这么说。"周围的学生都看着，我不想过于严厉，就笑着说："那不好意思了！"同学们哄堂大笑。于是，她气恼地把正在讲解的习题册扔在地上，然后开始掉眼泪。我一句话也没说就走开了。下课后，我把课后作业布置了一下。第三堂课很快上课了，可是这个女孩却没有来上课。

从这个案例中，我们看到，学习成绩优秀的学生，心理素质、品德修养未必就比其他的学生优秀。有时候，恰恰相反，这些学生更加具有叛逆性，更加具有性格上的孤傲性。

之所以出现这种情况，是因为尖子生是在一片赞扬声中长大的，部分尖子生在家、在校都受宠，批评不得，也缺少失败体验。因此，一旦觉察自己领先的位置不保，就会产生非常强烈的恐惧感和不安全感。当真的失去领先的位置时，他们的心理世界会彻底失去秩序，无法面对这个现实，进而产生沮丧、无所适从的恶劣情绪。如果他在成绩以外的地方犯了错误，教师坚持素质教育，不迁就反而批评了他，有时他那强烈的抵触情绪会掀起轩然大波。

当然，我们不能全怪学生，这些孩子"得宠"只是表面原因，更深层次的因素是家庭的溺爱和学校评价体系的不合理。试想一下，学生在学校的学习成绩是相对稳定的，在目前学校只看学生学习成绩的评价体系下，那些学习好的学生永远处在表扬的中心，久而久之，这些学生由被家长、老师宠爱，演变为自己宠自己，高傲自大"碰不得"。

教育环境失衡了，教育一定会出问题，这样的教育不利于学生身心的健康发展，是畸形教育。如果此种异常心理得不到及时的疏导和矫治，久而久之，易使学生形成不健全的人格。

对尖子生的宠爱和迁就，如果说是一种爱，那只能叫作溺爱，是有可能会害了学生一生的错爱。

好心也有可能办"坏事"

有位中学教师讲过这样一件事：

我所在的学校是一所县级普通高中，建校26年，迄今为止还没有实现"北大、清华"零的突破，向"北大、清华"成功发射"卫星"是领导和全体教师的梦想。

李同学是当时学校众所周知"百年难遇"的好苗子，初中时参加省、国家级数学、物理、化学奥林匹克竞赛曾获得较好成绩，初中升高中考试她名列前茅，被外地几所省重点学校看中要优先照顾录取，而该同学最后还是选择了留在家乡读普通高中。校领导和老师把她当作重点保护对象，她在高一、高二时状态良好，始终保持班级、年级组第一名。可是，高三第二次模拟（以下简称二模）考试，她的成绩出现了很大的滑坡，高三第一次模拟考试取得全校第一名，总成绩622分，而二模考试却一下子滑到了年级组第11名，才496分。

我负责学校共青团事务兼学生的心理疏导教育工作，为此她的班主任来找我商议对策。听班主任介绍说这位"宝贝尖子"近期有些反常，精神状态很不好。我简单了解了情况，便约了个时间和李同学单独谈了一次话。

以下是谈话的主要内容。

我：你最近感觉怎么样？

李某：我感到压力很大，上课老是走神，二模考试一团糟。

我：你的压力来自家里还是学校？

李某：说不清楚，最近有很多人找过我。

我：都有谁？

李某：班主任（经常找）不算，各科老师、业务校长、教导主任，还有党支部书记和校长也都找我谈过话。

我：有这么多的人关注你，很好啊！他们找你做什么，能说说吗？

李某：他们都在鼓励我，有的给我学习资料，有的给我买营养品，有的甚至还无偿资助我，我知道领导和老师都关心我，我感激他们，我怕辜负了他们的期望。

我：他们期望你什么？

李某：说我有希望上"清华、北大"。

我：你的目标不是"清华、北大"吗？

李某：我以前没想那么多，我没有那么高的目标。

我：说说你最近上课和二模考试的情况吧。

李某：不知为什么，最近上课老是走神，突然害怕考试了。

我：走神？想些什么，怕什么？

李某：脑子里总是闪现和领导、老师谈话的情景，我害怕考不好，让关心我的人失望，特别在二模考试前，我连续几天失眠，答卷时脑子里甚至出现空白。

我：成绩知道了吗，怎么样？

李某：很糟糕，我本次考试定的目标是630分，结果还没到500分，现在我对高考一点信心都没有了。

我：你在小学、初中、高一、高二时成绩是不是总拿第一名？

李某：（点点头）这次我太让大家失望了。

我：你认为你就应该考第一，你必须是全校的第一名？

李某：以前，我每次考第一名感觉很正常，可是上高三之后，我要求自己必须考第一！

我：要知道，考试无常，考场上没有永远的常胜将军。

李某：我对不起领导和老师，他们会怎么看待我呢？

我：考试前老是想着必须争第一，白天上课分神，晚上还思虑着，如若考不好对不起别人而不能入睡，结果把最重要的学习过程忽略了吧。

李某：是的，心烦意乱，我控制不了自己。现在我总担心，关心我的那些人背地里评论我、指责我。

我：其实，你的担心是多余的。好学生谁不喜欢啊，他们关心你、帮助你是人之常情。你这次考试没发挥好。没有人会议论你，更不会责怪你……

　　尖子生是班主任和学科教师眼里的"宝贝"，关爱尖子生是无可厚非的，但一定要适度，弄不好反而会好心做坏事。上面案例中的李同学被周围的人困扰得身心疲惫，她的压力源自学校领导和教师的过度关爱和期望。领导和教师的关爱和期盼，让她心理上不堪重负，为图"报恩"而对自己的期望值过高，由于过去未经历过失败，其心理承受能力、耐受挫折能力较差，自我调控能力不强，加上过度的焦虑导致了学习效果大大降低，二模考试发挥才严重失常。结果，一次考试失败就不敢面对领导和教师，她甚至对自己平时的能力、水平产生怀疑，对高考失去了信心。像这种情况，虽谈不上患有什么严重心理疾病，但是如果得不到及时正确的疏导，对该学生身心健康和以后的学习大大不利。

　　那么，应该怎么办呢？

　　（1）"解铃还须系铃人"。领导和教师的心情可以理解，他们太渴望实现"北大、清华"零的突破了。但是，欲速则不达，"盼生成龙"心切的校领导和教师却成了李同学困惑、恐慌的"罪魁祸首"。这就需要给领导和教师对尖子生的过度关切和过度期望降降温，考试前期避免给尖子生单开"小灶"，避免问长问短，尽量避免谈论高考考试话题。

（2）全面摸清"当事人"存在的问题，对症下药。据了解，李同学家境不富裕，父母对她的期望并不高，小学、初中、高一、高二时，她心理状态一直良好，成绩始终名列榜首。到了高三，校领导和教师的过度关注和爱护，增添了她的心理负担，使她开始过分苛求考试成绩，从而出现了精神紧张、注意力不集中、失眠、畏惧考试等焦虑症状。针对这种情况，教师应和"当事人"一起分析心理焦虑和成绩下降的原因，然后运用先"卸包袱"再"激励"的方法帮助其进行调整："你不要认为你应该永远是第一名的，你还是以前的你！你的基础较扎实，潜力很大，竞争实力很强，只要和以往一样保持平常心态去学习，考试正常发挥，就一定能成功。"

（3）教给学生一些简单易行的自我放松和调节的方法。例如：在紧张时，用"深呼吸松弛法"；在烦躁时，用"情绪转移法""运动法"；在郁闷时，使用"照镜术""倾吐术"，等等。

总之，关爱高考尖子生要适度，要用理解、接纳的心态对待尖子生，不要打破他们的平静，尽量为他们营造一个宽松、和谐、良好的生活和学习环境。

走出面对尖子生的两难困境

据说，学校的尖子生，毕业后往往会表现出对母校和曾经教过自己的老师一种出人意料的"薄情寡义"。我不知道这是不是一个"规律"，但有一点可以肯定，就是尖子生在校期间，不少学校和教师在对待尖子生时已经出现了一种两难的"困境"。

所谓两难"困境"是指：一方面，学校和教师对尖子生是呵护有加、关怀备至；然而另一方面，一些尖子生表现出来的"问题"，已经令学校和教师感觉到了问题的严重性，甚至感受到了伤害。其实，学校和教师也想努力"校正"他们，但是为了学校、为了成绩，教师纵然受到了伤害终也不得不"隐忍"，"校正"问题只好流于空言。于是，问题也终于不断积累。现在则到了不得不正视的时候。

我们还是先来看某报一位记者写的一篇令人心酸的文章吧。

"已经当了9年老师了，没想到我会这样离开。"身材瘦小的王老师声音有些颤抖。一年前，王老师被调到北京市一所普通中学，接手了一个有名的"乱班"。让王老师没有想到的是，这一年的工作让她身心俱疲，最终下决心离开工作了近10年的讲台，辞职考研。更让人没有想到的是，促使她做出这个伤心决定的不是班里的"淘气包"，而是大家公认的"尖子生"。

事情是这样的：上学期的一天，王老师走进教室，看到黑板上写着辱骂自己的话，落款是"小丽"（化名）。小丽是王老师班里的班长，成绩非常好，但就是太以自我为中心，根本不把别人放在眼里。前一天，她迟到了一节课的时间，按照学校规定，无故迟到这么长时间要记旷课，可面对王老师的警告，小丽只淡淡地说了一句"随便"。第二天，就发生了"黑板事件"，这件事让王老师彻底伤透了心。

为此，我走访了北京市东城、朝阳、海淀、密云、通州几个区的多位老师，接受采访的每位老师都强烈地感觉到"尖子生的教育肯定有问题"，而且由于这些学生的学习成绩突出，他们的问题更具隐蔽性，正因为如此，这种问题带来的伤害也就更大。

"嚣张、霸气是这些学生的最大特点。"海淀区的陈老师说。

陈老师在学校主管德育，同时还是学校的团支部书记，非常熟悉学生的情况。据她介绍，像小丽这样的学生还是少数，"在五六个班的一个年级里也就有一两个"，但是由于这些学生受到老师的赏识，他们渐渐成了班里的小"老师"。比如，王同学今年上初三，学习成绩一般。他说他们班的纪律委员俨然就是一副小老师的模样，"我们平时对他又不喜欢又怕"。这个纪律委员平时负责把上课随便说话的同学记下来告诉老师。"跟他关系好的，上课即使说话，也不会被记下来，但要是得罪了他，你即使上课一句话也没说，也可能被他记下来告诉老师。"王同学说。于是，导致不少同学不得不"怕"他——帮他打饭、送他一些小礼物。据了解。每年元旦，他都是班里收到贺卡最多的一个。

已经离开教育第一线的曹老师说，由于现在的学校太过重视学习成绩，几乎每个"尖子生"都或多或少存在着问题，"只是'霸道'的程度不同罢了"。

据了解，现在不少尖子生除了做与学习有关的事，其他事一概不管。王老师向记者"透露"，自己班上的学习委员从来不做值日，每次轮到他做值日时扭头就走，还说："这种事情没任何意义，没意义的事为什么要我做？"

一位重点中学的数学老师给记者讲述了这样一件事：一次，他让学生到黑板上演示一道习题。在这之前，他发现班里的很多学生对课外习题册盲目崇拜，但是这些习题册质量很粗糙，有些题目的答案有非常明显的错误。这次让学生演示的题目中就有这样一道，于是他针对这道错题提醒学生，不要盲目崇拜、照抄练习册。话还没说完，学习委员兼数学课代表突然"拍案而起"，指着老师质问："谁说我抄了，你这样说是对我的侮辱！"大约半节课之后，这位学生的情绪才平静下来。

……

为什么会发生这样的事呢？

有两位教师的话颇有代表性。一位教师说："说实话，哪个老师不喜欢学习好的学生？他们犯了错误，也舍不得批评。"还有一位教师说："在课堂上，老师总是更多地与那些尖子生互动，不停地提问、不停地鼓励。"试想，倾注了如此多的爱，如此多的心血，到最后却得到这样的"回报"，相信没有谁会无动于衷，不伤心难过。

当然，这也引起了教师的反思。一位教育专家说，关键的问题在于目前的学生成绩评价体系导致了教师对那些尖子生"无原则"地宠爱。因为学习成绩好，所以那些尖子生永远处在表扬的中心，久而久之，这些尖子生就由被教师宠爱，演变为自己宠自己，最后变成以自我为中心，往往既目空一切，又经不起任何细微的挫折。那位教育专家说，在尖子生的这个演变过程中，教师"功不可没"。

事实可能的确如此。不过，原因恐怕还不仅仅是这一点，喜欢聪明或者漂亮的人，更多的是人的一种本能的反应。深层次的原因，我认为还不是学校对学生学习成绩的评价体系，而是社会对学校教育成绩和学校对教师教学成绩评价体系上出现的问题。

学校和教师如此"倚重"尖子生，除人皆有之的荣誉感外，更主要的是社会的评价和激励在发挥着巨大的作用。

这不是某一所学校、某一位教师单独能够解决的。学校和教师在对待尖子生问题上遭遇的两难"困境"，其所折射出来的是整个社会对学校和教师教育、教学评价体系的问题及教育理念的问题。当务之急则是必须尽快改变这一片面的教育成绩评价体系。否则，对尖子生的两难"困境"将难以解决。

第二章

加强尖子生的教育

　　尖子生不等于全优生，他们也会犯错误，包括与一般学生一样或不一样的错误。对于他们的缺点和错误，我们应该及时发现和纠正，或者更应该加强而不能削弱。让尖子生懂得约束自己，才会管理好自己，保持严谨作风，不断进步。

尖子生不等于全优生

　　我们来看下面这个案例。

　　刚接手新班后，就有老师告诉我。涛是个"尖子生"，去年还被评为优秀少先队员，而且因为他长得虎头虎脑，很招人喜欢，所以在众多的学生中，我一下子就记住了他。上课时，他举手很是积极，凡是别人回答不上来的，他都能说得头头是道，而且思维与众不同。可是才不过几天，小组长就告诉我，涛没交作业。我问他，他毫不在意地说："我忘了。"我以为他真忘记了，也就没多问，只告诉他："下次记住了。"可后来，小组长收作业时屡屡提到他的名字，并且好多学生告诉我他以前就不交作业。我便找他来，对他晓之以理，动之以情。可他却一副无所谓的样子，照样不按时交作业。恰巧，有一次，他妈妈来找他，被我碰上了，我们便聊了起来，他妈妈告诉我："以前涛的班主任和数学老师都很宠他，说只要考试考得好，作业写不写都无所谓。"因此，涛从来不写作业。可我对他的这种习惯却怎么也欣赏不起来。无独有偶，同办公室的一位老师告诉我："今天早上，我看到涛和一个学生抬着一桶脏水去倒，下楼梯时，他故意把胳膊一抬，结果脏水全泼在了前面那个学生的衣服上，他不但不道歉，还骂那个学生。"

　　看罢这个案例，让人陷入了深深的思考：这些所谓的"尖子生"，他们在学习上确实是"尖子"，可在思想品德、素质修养、行为习惯方面却并非"尖子"，我们怎能因为他们成绩优秀，就可以忽视对他们的教育呢？

　　俗话说："一俊遮百丑"，一点不假，尖子生因为成绩优秀，老师称赞、同学羡慕、家长自豪，这样往往助长了他们骄横、不尊重他人、不关心集体、不热爱劳动等不良倾向的滋生。因此，班主任如不能及时发现他们的这些"病症"，帮助他们认识自己的"病状"，及时治疗，势必影响他们正确世界观和人生观的形成，这不仅关系到他们个人的健康成长，而且也关系到整个班集体的建设。另外，老师喜爱尖子生必须适度，切忌过分偏爱。因为偏爱他们，往往看不到他们的缺点、错误，即使看到了，也常常迁就他们，这样长期下去，必然会使这些缺点、错误不断扩大。老师必须摒弃"分数第一"的偏见，切实加强对这些学生的思想品德教育。

总之，尖子生并不等于全优生，他们的缺点如果得不到及时纠正，久而久之，就会成为学习成绩优秀而人格低下的畸形人。所以，班主任不但不能放松对尖子生的教育，而且更应该加强这方面的教育。

优秀学生的管理，只能加强不能削弱

在学校，对各方面比较差的学生管理较严，而对品学兼优学生的管理则有些宽松，致使一些好学生、尖子生出了问题。因此，加强对好学生、尖子生的管理教育，是老师特别是班主任一项值得研究的课题。好学生、尖子生发生问题的表现形式虽然是不同的，但究其犯错误的根源，无外乎是内因、外因两个方面在起作用。从他们的本身看：

1. 思想不成熟，经不起挫折

下面这个案例中的学生就是个很好的例子。

他是一个觉得什么都新奇，什么都想接触、学习的人，喜欢在头脑中编织顺利到达理想彼岸的梦幻，经常在老师、同学间展示自己的课外知识有多丰富。同学们都羡慕他，有问题都喜欢找他问。他也因此变得自以为是，看不起其他同学。在一次考试中，他考得极不理想，很简单的题目都错了。他觉得自己很丢脸，就是爸爸说的"笨"，于是消极地接受教训，自暴自弃，失去进取的信心，成绩也因此一落千丈。

中小学生正处在成长过程中，各方面都没有完全定型，特别是在这个大变革的年代，社会上五花八门的东西像冲击波，一波又一波地冲击着并非世外桃源的校园。他们"觉得什么都新奇，什么都想接触、学习，喜欢在头脑中编织顺利到达理想彼岸的梦幻"，但对可能出现的困难和挫折，却考虑得不多，形成与成年人不同的特点，如他们爱学习，接受新事物快，又容易轻听轻信，缺乏独立思考能力：顺利时，易骄傲自满，自以为是，看不起其他同学，以致听不进不同意见，慢慢地放松了对自己的要求，在先进行列中掉了队；遇到挫折时，又容易片面地分析问题，消极地接受教训，觉得万事皆休，自暴自弃，失去进取的信心。

2.理论根基浅，拒腐能力差

他们虽然学习过自然科学和政治常识，接受过必要的道德教育，但是基本理论知识贫乏，缺乏丰富的人生阅历，因而看问题易看现象忽视本质。有时凭血气方刚、"初生牛犊不怕虎"的精神，和青少年固有的自尊心、好胜心去做事情，缺乏对事物的深刻分析、了解和认识，当碰到是非界线不清、良莠不齐的事物迎面而来时，就会出现犹豫、彷徨，甚至作出不正确的选择，错误的追求，好恶并吞，以致走了弯路或是陷入泥潭中不能自拔。

3.进步的动机不纯，目的不明确

希望自己的孩子成长是父母的普遍心理，但有的家庭、亲友不恰当地施加压力，使学生上进心掺杂上"私利"的成份，背上了"只有学习成绩好才好向父母交代"的包袱。这样，当他们达到了一定的目的后，就认为万事大吉，不再继续努力，自我陶醉在己取得的成绩里，而一旦受到挫折和遇到困难，就觉得一切都完了，感到没有前途，有的甚至走向反面。

除以上三个主要的自身原因外，教师、学校领导，特别是班主任对他们的管理教育不严、方法不当也是一个重要因素。

一是思想上偏信偏爱。个别教师往往积极地维护尖子生、优秀生的威信，对他们的表扬、批评缺乏辩证法。即使他们有了缺点也怕公开批评会影响他们的威信，而往往采取大事化小、小事化了的态度。即使批评，也是轻描淡写地说几句，不触及思想实质。例如，某班有几个学生，自习课不请假上街，其中有个学生是三好生，这个班的班主任对其他几个平时表现一般的学生，当面进行了严厉批评，而对好学生只说了声"今后要注意"。另外，有的班主任对反映三好生、优秀生的问题往往听不进，以为是对他们的嫉妒，吹毛求疵。这样的事也是很多的。

二是管理上忽视、放松。有的班主任对如何做好后进生的转化工作分析研究很多，而对如何搞好尖子生、优秀生的管理教育却重视不够。

往往是督促学习、交待工作多，思想上提要求少，总以为他们的觉悟高，表现好，能自己管理好自己。放松教育管理，还表现在对他们的思想变化重视不够，不能及时教育引导。某班有个班干部，班主任对他过分信任，放松了对他的要求，结果与班上的一名女同学谈起了恋爱，违反了学校纪律。

事物总是处于发展变化过程中，品学兼优的学生也不例外，如果放松对他们的管理教育，他们也会朝相反的方向发展。因此，对包括尖子生在内的优秀学生的管理教育，不能削弱，只能加强。

洞察尖子生背后的问题

学习成绩优秀、考试前几名的学生，往往深得老师喜欢：他们勤奋、刻苦、踏实，自制力强，学习悟性很高，遵守纪律，很少惹事生非，最让老师省心。但是，仔细分析，除了这些优点，部分尖子生在心理素质、人际关系等方面的问题也日益显著，如何让尖子生成为全面发展的优秀学生，成为一些老师和家长共同关注的问题。

在一本杂志上看到这样一则真实的案例：

某校初中二年级女生黄某，学习刻苦，写作水平在同学中可谓超群，27 家报刊先后刊出了她的文章，参加全国中小学生作文竞赛，她捧回了一等奖的奖章，学校评选她为市、县级"三好学生"，县委隆重授予她"特别奖"。按理说，她脚下的路熠熠闪光。如此发展下去，将是前途无量。然而，荣誉、奖牌给她带来的却是一场悲剧。她以"内因是变化的根据"而自傲，鄙视同学，轻视恩师；醉心于赞美之辞，被他人以几句赞歌为代价带入"爱河"；听信诱惑和欺骗，中途辍学"下海闯荡"，发展到与他人非法姘居，做出大量伤天害理的事情，等待她的是法律的制裁。鹏程化作了深渊，罪人取代了新星，委实令人惋惜。

黄某的悲剧，警示着我们在了解尖子生良好的心理、行为的基础上，还应及时发现他们发展中存在的问题，及时进行引导教育。

那么，尖子学生背后主要存在哪些问题呢？经调查，发现下列问题比较突出。

1. 虚伪

虽然在很多老师眼中成绩好的同学一般都中规中矩，也表现出大公无私、乐于助人的一面，但是在同学们看来，少数尖子生的一些表现简直是在作秀，反映出他们虚伪的一面。

石家庄市某中学的刘老师举了一个非常典型的例子：

同学们早晨到学校早读前的一段时间，几个同学可能会非常热闹地聊前一天晚上看的电视剧，有的尖子生可能没看电视也会加入进来，饶有兴趣地大讲特讲，主要是传递一种信息：我也在看电视。让大家放松警惕，自己暗地里使劲，制造一种不正常的竞争。这表现出与他们年龄不相适应的世故与圆滑。

2. 冷漠自私

"其实有一部分学习好的同学是相当自私的。"一位从事中学德育工作的老师说起尖子生的自私时，举了一个非常简单而又常见的例子：

一名学习拔尖的学生，即使学习成绩很差的同学问他问题，他都不肯讲，总是以"我也不会"作为借口。这种对知识的保留，主要是担心别的同学学会以后成绩超过他，以致自己不能保持学习上的这种优势，再就是不想耽误时间。

部分尖子生以自我为中心的表现可以说多种多样：有的自习课时出声背课文，从来不担心影响别的同学，但是如果在他们需要安静的时候，出现一点干扰，他们都难以忍受；有的向老师提出要坐到班里最好的位置，以便于自己听课方便。这部分同学对班集体也相当冷漠，班里组织的各种活动都漠不关心，一概以"我要学习"为理由拒绝。一位老师指出，很多班里考试得第一名的同学往往不是班干部，至少不是班长，其中很重要的一个因素是成绩第一的同学不想当班干部，担心浪费自己的学习时间，他们对班集体的冷漠程度也让老师和同学们对其担当班干部感到担心。再就是这部分同学对老师和家长也非常冷漠，对师长的关心和爱护无动于衷。他们有一个普遍的感觉，就是"我的成绩是我自己学来的，与别人无关"，总是认为学习是自己的事，是凭自己的本事而得来的，从来不去想老师的教育、父母的培养对他们取得成绩的巨大作用。

3. 心理脆弱

虽然尖子生在学习上占有优势，但他们同时也承担着很大的心理压力。部分尖子生比一般同学更关注考试成绩，虽然他们经常能凭借考试显示自己的实力，但提起考试他们往往更加紧张，总是担心后面的同学超过自己，保持不住自己的位置，焦虑的情绪往往从考试前一直延续到成绩公布之后，一旦考试失利，便很难走出这一阴影。

某中学的吕老师遇到过这样一名学生：

他学习成绩在班里前几名，数学更是数一数二，这一优势一直保持到高三。在模拟考试之前，这位同学分析自己会靠数学这一强项提分。考试的时候，在顺利做完客观题之后，他在主观题上卡了壳，头上出了一层细汗，随后便向老师提出要离开考场。老师惊诧这名同学为何在自己最拿手的科目上放弃。试卷评析出来之后，老师发现这位尖子生的客观题答得相当不错，总分64分他得了60分，但是主观题第一道没有做，显然是不会，第二题做得也不完整，以后就放弃了。原来这名同学发现第一道主观题不会做之后就慌了手脚，坚持不下来了。

心理脆弱、经不起挫折，是部分尖子生比较明显的问题，他们从小学到中学一路被老师、家长、同学们捧着，在学习的道路上一帆风顺，几乎没有经历过挫折，缺乏战胜困难的信心，在面对挫折时，他们往往不是想办法积极地应对，更多地是逃避。

4. 飞扬跋扈、不可一世

在这个以学习成绩作为衡量学生主要标准的大环境下，一部分尖子生在对自己成绩得意的同时，对周围同学表现出一种不屑一顾的傲气，甚至对老师的授课方法也指手画脚，非常不服管教。个别学生凭借自己学习上的优势，成了班里不可一世的"小霸王"。

"班里的学习委员特别嚣张，谁作业交得慢了，都会被她骂一顿，并且还经常到老师那里打小报告。"李亚（化名）是北京市一个重点初中重点班的学生，这个班的学生都是学校经过筛选的，所以成绩都不错，相比之下尖子生和其他学生的差距不是很大。尽管这样，李亚班里的几个尖子生还是为所欲为：看谁不顺眼，值周的时候就盯着人家，只要一说话，赶紧将这名同学的名字记下来，报告给老师；如果和同学们一起做游戏，那么游戏的参与者必须由他们来选定，游戏规则必须由他们来制订，游戏过程中实行双重标准，尖子生犯规后继续玩，别的同学犯规他们却不依不饶。

一位老师分析认为，一部分尖子生因为学习好还担任班干部，与老师交流的机会就多，得到老师的信任。于是，在处理同学关系时，这些同学便有恃无恐，什么事都依照自己的原则，一定要以自己为中心。

5. 娇生惯养

尖子生在学习、训练上投入精力比较多，再加上父母对这样的孩子更是疼爱有加，在家里往往是饭来张口、衣来伸手，慢慢养成了坐享其成、娇生惯养的习惯，少数人甚至生活难以自理，适应能力极差。

6. 敷衍应付

有的尖子生自恃聪明，学习上缺乏刻苦钻研的精神，对学习采取敷衍应付的态度，对知识不求甚解，尤其对基础知识、基本技能不屑一顾，致使学习不够扎实。

面对以上这些问题和缺点，如果班主任和科任老师对他们放松要求，姑息迁就，就有可能使他们得不到全面发展，甚至酿成悲剧。因此，我们必须根据尖子生的特点，针对存在的问题，做好他们的个别指导教育。

多教给尖子生一些实用的东西

生活中常常看到这样的事例：

有的孩子读书很用功，同学羡慕，老师器重，自己也踌躇满志，并最终如愿以偿地考上了大学，毕业以后满怀信心准备大干一场，结果却发现自己所学的根本用不上多少，人际关系倒是复杂，几次意气用事多是碰壁，弄得灰头土脸整天唉声叹气，总之生活得非常不如意。

有的孩子读书时很调皮，同学瞧不起老师也常骂他们，还时不时被叫到办公室受训。刚来办公室时还有点腼腆，后来这个老师揪揪头，那个老师拧拧耳朵，时间一长，倒让他们处之泰然，对各种歧视和羞侮也习以为常。踏入社会后一个个倒显得游刃有余，不能说都能干成大事，但大多过得不错。碰见老师后也热情有加，似乎比原先那些成绩好的学生还要懂事。

这似乎正应了老子的那句名言"物或损之有益，或益之而损"（事物在发展过程中不会直线前进，到了一定界限应会转到反面。所以本来要损害某物，结果却可以帮助了某物的发展；而本来要扶持某物，结果却损害了它）。这真是对上述现象活生生的注解。从教育的角度来看，上述事例绝不是孤单的现象，带有很普遍的意义。它似乎在警醒我们：为什么我们花了如此大力气的教育总是不能出现令我们满意的效果，为什么我们在学校精心灌输的那些东西，在具体的社会实践中显得如此不堪一击，为什么踏上社会后受教育群体没有向我们预料的方向发展，反而呈现与希望相反的道路呢？

还是回到上文所言的那两个特殊群体上来，长期的学校教育中培养了一帮特殊的"尖子生"，他们成绩很好，所以父母宠着、邻舍夸着、教师表扬着、同学羡慕着，慢慢地，他们大多开始变得自视甚高，看不起别人，时间一长，自我膨胀起来，认为自己得到这些都是天经地义的，自己到一个地方就该让大家捧着。真到了社会上才发觉与自己所想相差太大，这里没了时刻宠着罩着自己的教师家长，更多的是冷漠和因经验不足而招致的呵斥。自我期望过高和社会对自己期望过高的双重压力，使他们对社会缺乏成熟的心态调整和良好的应变能力，所以很多学校里那些为教师看好的尖子生，到了社会上常常是一筹莫展。而那些所谓的"后进生"则不存在这样的情况，因为他们在学校里所得到的刚好相反。正是学校那种特殊环境里所受的特殊待遇锤炼了他们的心理素质，使他们更早体验到生活的残酷，不会对社会抱着不切实际的幻想和期望。更重要的是，学校中这些看似非正常的经历却使他们拥有比较稳定平静的心态，正是有这样的心态，才使他们与从前在学校里那些瞧不起他们的尖子生相比，常常能更从容地接受和应对来自社会各种意想不到的挫折和风险，表现出更强的适应能力，而这往往比书本上那些所谓的知识对一个人的成长更为管用。有道是钢铁就是这样炼成的。

一直以来，当我们提到教育时，总是贯穿着一个良好的愿望，那就是努力把孩子培养成才。但我们常常忽略了一个基本事实，那就是这个社会接受教育的绝大多数人成不了才，而只能成为一个普通人。这就决定了我们的教育尤其是中小学教育宗旨必须改变，除营造一个比较公正的社会高端人才选拔系统外，应把主要精力集中在即将成为遍布社会各方面的普通人的那些孩子身上。社会对人才需求的多样性决定了教育结构和模式的灵活性、弹性，以适应不同规格的培养要求。

著名教育家伯顿先生把教育目标分为综合性目标和操作性目标两种，假如我们把综合性目标理解为教育培养目标，也就是教育目的在不同时期具体化的话，那么在中小学阶段我们究竟该培养学生的哪些方面呢？

我们还是回到联合国教科文组织关于教育的那句经典阐释——学会生存。那么，作为个人乃至一个民族能生存下去，主要取决于什么？

哈佛大学历史学教授斯塔夫里阿诺斯，在比较了人类各个时期文明发展进程后认为："在转变时期，最能被适应和最成功的社会要想改变并保持其领先地位是最困难的，相反，落后和较不成功的社会可能更能适应变化并在转变中处于领先地位。"他指出，中国在西方入侵前有高度发达的文化，但这种发达成了抑制其进一步发展的因素。这是因为中国文明认为中国文明优于其他文明，在一个发生全球规模的革命性变化的时代里，中国人却心满意足，自高自大，最终因没有适应这种巨大变革的时代而落伍了。而恰恰因为中世纪西欧人比较落后，所以他们准备并渴望学习和适应，他们是被迫这样做的。因为这样做同时选择了机会和压力，他们最终成功了。最后作者的结论是，"在这样一个不断加速变化的时期，适应能力对个人和民族的成功——或许我们应该说对个人和民族的生存——是至关重要的。"

如果我们把"好生""后进生"，在学校和社会不同时期不同发展趋向与上面斯塔夫里阿诺斯先生所言作一比较，会发现二者有惊人的相似之处。长期以来，我们一直无法找到一个让大家都能接受的个人如何通过学校教育最终成材的标准，现在看来其实很简单：最能适应社会的就成"材"，反之亦然。优胜劣汰，适者生存，尽管可能带有社会达尔文主义式的冷酷无情，甚至可能会忽略或埋没一些因个性和客观条件限制而得不到发挥的真正的"材"，但作为一项带有普适性的生存原则，它很显然比成绩和文凭要公正，毕竟这是社会自己作出的选择。

对此，鲁迅先生有一段十分精妙的话："耶稣说，见车要翻了，扶他一把。Nietzsche 说见车要翻了，推他一把。我自是赞成耶稣的话，但以为倘若不愿你扶，便不必硬扶，听他罢了，此后能够不翻，固然很好，倘若终于翻倒了，然后再切切实实的帮他抬。老兄，硬扶比抬更为费力，更难见效。翻后再抬，比将翻便扶，于他们更有益。"

从教者，不能不深察之。

理智处理尖子生"犯规"

有位老师在网上写下这样一件事：

这是六年级的一节自习课，学生在做作业，我在讲台边埋头备课，教室里安静极了。突然，"啧"地一声——是吃糖时的那种声音。这声音在此时显得特别刺耳。"谁在课堂上吃东西？"我高声问道。教室里开始骚动起来，大家你看我，我看你，但没人站起来。

不准带零食进校园，这是我校一向的规定，每个同学都很清楚。我严厉地扫视了一下四周，一眼就看到学习委员正低着头，脸涨得红红的。

我静静地盯着他，没有作声。所有的同学都不敢正视，那是相当严厉的，有如匕首一般，没有人能在那目光下遁迹。教室里鸦雀无声。他也明显地觉察到了我的眼光，可是，不知道是故意僵持，还是不知所措，他并没有立即吐掉嘴里的糖果。

同学们的目光"唰"地一下子全集中到了他的身上。他，是班里的学习委员兼副班长，学习成绩优秀，平时还帮着我打理一些班中的日常事务，是我的得力助手。但他，又有一个很明显的不受人欢迎的缺点，就是平时有些自高自大，喜欢以自我为中心，我行我素，在一些小事上总是不拘小节，这一点科任老师与同学们都清楚。我也曾就他的缺点几次找他谈话，可他全没改正的意思。这不，别的同学正在认真复习，他倒好，大模大样吃起了东西。

同学们的目光渐渐地从他的身上又移到了我的身上。从那四十双眼睛里，我明显地看出了其中包含的意思。与其说大家是在看他的好戏，还不如说是在等待着我处理尖子生的态度，他们正期待着我的公正。

时间在僵持中一秒一秒地过去，那一刻似乎特别的漫长。教室里静得出奇，几乎要令人窒息。此时，如果我不当场处理这起突发事件的话，那么，以后我该如何面对全班，树立自己"一视同仁，言行一致"的威信呢？

我开始镇定下来。决心趁此机会给他一个教训，同时治一治他的坏毛病，也给全班一个交代。于是我提高了嗓音，"给你三种选择：第一，到教室外去吃，吃完再进教室；第二，立即吐掉；第三，如果舍不得，可以先放好，留到下课后再吃。"此时，同学们都哈哈大笑起来。在大家的哄笑声中，他如梦初醒，红着脸把糖果吐到了垃圾桶里。

之后，课堂上又恢复了平静，也许更为安静吧。同学们都忙着做习题，唯有他，趴在桌子上，整整一节课都没有抬起头来。

在后来的几天里，他对我产生了一些情绪，看见我，也不那么亲近了。真没想到，看似坚强的男孩，心理承受能力竟是如此的不堪一击。

细细回想那一幕，我盯着他看的那段时间里，我、他、同学们，我们的心里都在想些什么呢？

或许，我的处理是不正确的？

从教育目的来看，对于案例中那位尖子生违反校纪校规的行为进行适当教育与处理是无可厚非的。但从教育的结果来看，事情远没有那么圆满。虽然老师当时"成功"地制止了他的违纪行为，使其他同学也迅速平静下来进行学习。但仔细思索，却觉得这样处理的方式不过是表面化，形式化的结果，而且产生了更深层次的负面效应。

首先，那位尖子生受到了无情的伤害。从这件事的本身来看，自习课吃零食只是一次小小的违规行为，而且"纯属偶然"。对他这样一个被掌声、表扬、羡慕包围的尖子生来说，自尊心极强又极脆弱，更何况他已经是六年级的学生了，多少也要些面子。当着全班同学的面，老师毫不留情地对他进行了严厉指责，只为了捍卫自己做班主任的威信。特别是最后那句"留到课后再吃"，无疑给了他"温柔的一刀"，听起来好像处理得很有理，可众目睽睽之下，对他来说，可能是一次无情的羞辱，其影响不仅仅是一堂课，或许是他的一生。

如果真是那样的话，可以说，这位老师这样处理的结果完全是一次失败的教育。因为他并没有针对该生的心理差异，采取特殊的管教方式来"因材施教"。虽然场面是"唬"过去了，但整个过程就像是一场法庭上的审判，老师是法官，至高无上；学生是被告，听候发落。所谓的"毫不偏袒，一视同仁"，完全是从维护教师自己的威信出发的。这样做，导致以后师生之间关系紧张，缺少沟通与交流，也就更谈不上师生间的合作与协调了。

总之，作为老师，我们要在公平、公正的前提下，宽容地对待学生的过错。"人非圣人，孰能无过"，用发展的眼光看待学生的个体差异，把特别的爱给特别的学生。

别制造出"没良心的好学生"

曾有一位老师不经意的感慨——"好学生大多没有良心"，引发了一场较大规模的热烈讨论，因为它关乎我们究竟应该怎样教育和评价学生。

那么，是不是我们的尖子生、"好学生"真的没"良心"呢？我们先来看一篇新闻记者采写的报道："没良心"的"好学生"。

对东阳中学高三年级班主任赵老师来说，高三是忙碌的，但忙里偷闲，他还是出席了一个毕业班的同学会。"这个班是我在以前那所普通中学时带过的，学生毕业已经14年了，非常特别。"赵老师所说的特别，一是指这帮学生都是计划外招收进来的，成绩普遍不尽如人意；二是指进入高三后，这个班便"消失"了，学生被编排进其他班级。然而，在过去的10多年里，这个班的学生相互走得特别近，他们也经常会看望曾经的班主任赵老师。

"我曾经带过一个班，学生考上大学的不多，现在混得特别好的也很少，但他们和我的感情却很好。"另一位不愿透露姓名的老师有点困惑地说，反倒是那些成绩好的尖子生"联系不是太多"。在其他的一些学校里，也经常能听到教师们发出这样的慨叹："好学生大多没良心，倒是从前经常被批评的学生，却总能不时地来看望老师。"有人甚至将"好学生都是'白眼狼'"的帖子发到了论坛上。

这个话题也引发了××中学师生的一场热烈讨论。赞同者认为，好学生大多认为自己的成功是天赋使然，与学校、教师的帮助关系不大，再加上学习或工作一忙，回母校看老师能省就省了；反对者则表示，回母校看老师并非感恩的唯一方式，只要学生做出成绩，老师知道后都会很开心的，更何况教育的目的不是为了图回报。

也有老师不以为然。

"好学生都是'白眼狼',说得有点偏,他就是个例证。"××中学陈教师指着站在办公室门口的大男孩吴某说。吴某是2002年从这个中学毕业的,如今他已是清华大学经管学院的二年级硕士生。每次回老家,他都要到母校来走走看看,向所有教过和没教过的老师问候一声,今年也不例外。

"节假日给老师打个电话、发个邮件祝福一下,其实花不了多大功夫。"吴某说,第一次听老师当面说"好学生大多没良心"对他触动挺大的,如今他就用自己的言行来反驳这种说法。对他来说,老师不仅是"良师"更是"益友"。据悉,在这所中学,像吴某这样和老师特别铁的好学生决不在少数。

"人心都是肉长的,只要老师真对学生好,学生都能感受得到。"陈老师说,如今他出差到一个城市,只要那里有学生,又得到了消息,都会赶过去看他。而逢年过节,他自己也会经常拜访曾经的恩师,"像20年前的班主任许老师,他据理力争,使学校为我一个人实行了文理分科。这样的教化之功我一辈子都不会忘记。"为此,陈老师还写了一篇名为《琐记许师三题》的感念文章。他告诉记者,荀子说水积聚多了,就会产生回旋;树叶落了,就成为滋养树根的肥料;学生显达了,就会想起老师。可见学生都是有感恩之心的,只是有些人没表达或不愿表达出来而已。

有记者调查发现,感慨"好学生大多没良心"的教师有明显的"四多"特征,即:普通学校比重点学校多,城郊或乡镇学校比城市学校多,中学比小学多,科任教师比班主任多。对此相关专家分析说,在应试教育体制下,一些普通学校的教师往往会把全部关爱倾注到几名所谓的"尖子生"身上,因此如果这些"尖子生"日后成功了,而又在情感上忽略那些曾经帮助过他的老师的话,后者在心理上就会失去平衡,以至于发出"好学生大多没良心"的慨叹。"我们应该反问一下,到底是谁在制造'白眼狼'?"有专家表示,"育智"与"育德"的本末倒置,将"高分数"与"好学生"划上等号正是其中的罪魁祸首。

一位姓韦的校长也曾如此说过:

"我总觉得,教育首先要关注学生是否能成人,然后才是成才。"韦校长认为,从某种程度上来说,所谓的"后进生"反而是幸运的,虽然他们没少挨老师批评，但批评中多少还蕴含着"做人"的道理，对其日后踏入社会有诸多益处。另外，他也提出"好学生大多没良心"的慨叹其实也折射出教育者的失职，"我们究竟应该如何评价学生的优劣，学校要不要加强感恩方面的教育，师生关系到底怎样才是和谐、融洽的等等问题，都需要重新思考。"为此，该中学还定时举行了全体教职员工的师德培训，韦校长提出了"激发成就动机，提升教育品质"的发展目标。他说，具体地讲就是要做到"管理有序，校园和谐；学生有志，业绩辉煌；教师有爱，诲人不倦"，从而让每一名教师都成为学生的领路人和知心人。

这位校长的话似乎让我们明白，"好学生大多没良心"，是一个伪命题。因为我们反过来会问，没有良心的学生还是不是好学生？所以这一问题的实质是，我们究竟应该怎样来认定所谓的尖子生或好学生。

如果我们的学校和教师还是习惯于把那些考试成绩出众的尖子学生捧得高高在上，习惯于制造智力发达而情商欠缺的所谓"好学生"，那么"没良心""白眼狼"的论调就不会消失。从这个方面来说，这些所谓的"好学生"其实是我们教师自己制造出来的。好在近年的课程改革尤其是考试评价制度改革已经在进行"纠偏"了，认定好学生的"尺子"越来越多，这让我们相信有良心的好学生也会越来越多。

要敢于对尖子生说"不"

有位教师遇到了这样一个难题：

班委会上，大家都沉默不语。王强是我们班学习委员，成绩优异，在这次全班推举校三好学生的投票中得票也最多，但上周他有一次迟到记录，要不要推举他做三好学生呢？

"王强同学家离学校最远，迟到一次，情有可原。"班长首先发言。

"但作为班委，我们应该以身作则，如果把名额给他，其他同学会怎么看？"副班长反驳道。

最后，大家都把目光集中在了老师的身上。

到底该不该给他呢？

听到这个故事的时候，我想起另外一位老师所讲的事例：

他曾是我的"得意门生"，不仅学习成绩名列前茅，而且勤学好问，是所有科任老师公认的尖子生。每当他有问题请教时，我总是循循善诱，不厌其烦地讲解。他常常被我当作楷模，在全班学生面前表扬。后来，他要到马来西亚求学，临别时我鼓励他："两年后要在英语上超过我！"两年后，他带给我令人振奋的消息——考入英国诺丁汉大学！

两天后，我又收到了关于他的消息：出车祸死于马来西亚联邦大道——违规横穿马路！

独生子呀！遗体告别仪式上的凄惨无需多言！

我盯着棺木里的他，忍不住"扼腕叹息"：花季般的年龄，真是天妒英才呀！继而又感到一种难言的愧疚，因为我脑海里浮现出了有关他的一些生活细节：经常穿越校园的草地，为数不少的迟到，偶有的逃避劳动……而我，作为班主任，又何曾为此对他"循循善诱"过？全班同学又何曾为此投过他的"反对票"？科任老师又何曾为此向我打过他的"小报告"？学校又何曾为此"剥夺"过他年年"学生标兵"的荣誉称号？

"学生的主要任务是学习，一个学生，成绩优异了，也就优秀了。"
"教师的主要任务是教书，把知识教好了，也就可以了！"
我们未必会承认我们在这样要求自己和学生，但又有多少教师真正跳出了这个"育人模式"呢？至少案例中的那位老师还没能跳出。

对于一个学习成绩较差的学生，我们教师容易做到严格要求，而对一个成绩优异的学生，我们很难再苛求其各方面的完美，甚至乐于忽略他们在某些方面的不足，有时还会"善意"地将其缺点进行美化：丢三落四是学习太忙，偶有迟到是前天晚上"开夜车"，不爱劳动是胸怀大志……殊不知，正是我们的这些"善意"，误导了学生，误导了自己，更玷污了教育！

因此，作为老师，请时刻告诫自己：要时刻告诉尖子生们，真正的优秀应该是全方位的！在有些情况下，我们否定他们一次，他们便会成长一次。

要敢于对成绩优秀的学生说"不"！

帮尖子生找到生命的意义

某媒体刊登了这样一则消息：

2001年，一位14岁的少年忽然在黑夜里服毒结束了自己的生命。他给父母留下了这样一张字条：

这样的生活没有意义，这样的生命没有价值。今天，我看了一个电视节目：

某报记者采访一个偏远山区的放牛娃。"孩子，你在这放牛为了什么？""让牛长大！""那牛长大之后呢？""娶媳妇呗！""娶完媳妇呢？""生娃呗！""生了娃呢？""让他放牛呗！"

人生如此，生存还有什么意义？不如……

就是这么一个简单的问题得不到答案，这位少年去了，此前，他是班里的班长，学校的三好学生。

大家可能已经从各种媒体上看到过这种类似的报道，那些报道中的主角曾经都是各个中小学的骄傲，都是基础教育的尖子生！可是他们却有一种惊人的相似——蔑视生命，毁灭生命！

我接触过一些中学生，他们忧郁地对我说："老师，您说活着有什么意思？不就是天天写作业吗？"

我在他们的眼神中，看到了本不应该看到的，灵魂的苍老。

当然，他们都没有轻生。但是可以肯定，看不到自己生存意义的孩子，生活质量高不了——无论他学习成绩如何。

为什么我们辛辛苦苦地教育与培养，却让我们的学生对生命如此的漠视？而且，忽视"珍惜生命"这个重要环节的教育又有什么价值呢？

所以，我们教育者有一个最基本的任务：帮助孩子找到他自己的生存意义。这是生命的支点，比一切学问和毕业证书都重要。

生存有意义吗？

有人说有，有人说没有。

我想，生存本没有什么意义，但是每个人既然活着，就必须赋予它某种意义。人与动物的区别就在于此。动物不是为了意义而活着，它也不会因为找不到意义而自杀。人类为意义而生存，人类生存在意义中。人类吃了智慧果，他再也没有办法"物我两忘"了，他已经醒来，只好活个明白。

什么样的生存方式最有意义？

我不知道。我想这也没有标准答案。

但是我知道以下几种生存方式是比较缺乏意义的。

1. 按照别人（家长、老师）制定的目标和方式而生存。这是"给别人活着"，不是孩子自己的生活。这肯定没意义，意义是别人的。

2. 在封闭循环的圈子里打转，不能超越环境，不能超越自我。那个放羊娃的生活就是这样。正是这一点，促使了那个14岁的少年的负面"感悟"（看透了），因而结束了自己的生命。

3. 只为个人生存。人类是社会动物，人类的生存本质上是群体的，而不是个人的。人无法忍受孤独。个人如果不与他人交流，不能用某种方式把自己融入某个集体（家庭、团体、国家、民族），他就难以找到生活的意义。单独的一个人无意义可言，意义产生于群体中。

改革开放以后，人生观、价值观逐渐多元化了。但无论怎样多元化，人们总要赋予生命一种意义，人们不能忍受无意义的人生，这一点没有变。而且无论到何时，人生意义也总会有好坏之分，优劣之别。

也许有人会问：这个14岁少年看了放羊娃的故事而轻生了，那个放羊娃为什么没有？

我想放羊娃轻生的可能性很小，因为他习惯了封闭。如果他走出大山，看到了大千世界，再让他回去循环，他恐怕也很难，除非他立志改变自己的生活（再也不能那样活），或者改造家乡，这就有意义了。

城里的孩子比农村的孩子轻生率高，现在的孩子比过去的孩子轻生率高，重要原因之一就是前者比后者多吃了几个"智慧果"，他们开始有点"哲学思考"了，又想不通，又没人指点，于是不活了。

从这个角度看，有思想的学生反而比没有思想的学生危险。

以前解决生命意义问题，用的是灌输法。如今这种办法不灵了。我们应该结合具体情况，适时地点拨学生，帮助他们，而不是代替他们找到各自生命的意义。

切勿让德育成为虚伪和丑陋的代名词

不久前曾在媒体上看见一则某县高三学生服毒轻生的消息，让我的思绪久久不能平静。中学生轻生事件频频见诸报端已不是什么新鲜事了，但这位名叫涛涛的尖子生的轻生却不能不引起我们对当今教育的深思和反省。

涛涛在父母眼里一直是一个听话、懂事、不用大人操心的好孩子。在学校他是个成绩优秀的尖子生，在学校 24 个理科班中，历次考试他的排名都是前 10 名，他曾得过班级第一名，年级第 5 名的好成绩。这样一个在别人看来有着光明前途的尖子生到底为什么会轻生呢？原因竟然是因为他对学校会考舞弊深恶痛绝，以至彻底改变了他对人生的看法，最后导致轻生。他在生前的日记中曾这样写道：

这次考试，是对我人生的一次弥深的打击。我发现平日里朝夕相处的同学竟然是这样的人，这样虚伪，这样丑陋。

……

第一天考试的时候，看见如此触目惊心的舞弊现象，我还义愤填膺地要与之争斗。我往家里打电话，问妈妈《焦点访谈》的电话号码。结果妈妈不支持我，爸爸数落我。经过第二天的折磨，我已经灰心丧气了。我只剩下了失望、惆怅和孤独。

我无心学习，除了值不值得去死，我什么也不想考虑。我曾经几度想过死，可是我没有足够的勇气。

一个 16 岁的花季少年就这样在矛盾、彷徨、不解、迷茫中……走了，他用年轻的生命留给我们对培养尖子生的反思。

我们的学校和家长一直在对孩子们进行着"书中自有黄金屋，书中自有颜如玉"的功利主义教育，但同时也不断地对他们进行革命传统教育、革命理想主义、英雄主义教育，近几年各个学校又开展了诚实、守信教育和以爱家乡、爱母校、爱父母为主题的感恩教育等等道德教育活动。毋庸置疑，这些道德教育是必不可少的，为孩子们的健康成长提供了丰富的精神食粮，也对他们形成正确的人生观产生了积极的影响，但关键是面对纷繁复杂的社会和日益发展的时代，怎样才能让这些"玫瑰色的教育"在渗入学生血液的同时又不让他们感到迷茫和怀疑呢？

如果学校在喊着诚信的同时为了自身不可告人的私利而鼓励学生会考中作弊；老师在讲着奉献、人梯、蜡烛的同时吃家长的谢师宴、拿家长的红包；家长在教育孩子孝敬、感恩父母的同时对自己的老人横眉冷对……我们的道德教育就会陷入一种尴尬，孩子们在心灵中就会产生怀疑和"涛涛"式的迷茫。即便是悲剧不发生，我们的道德教育在孩子们的眼里也会变的是那样的虚伪和丑陋！

孩子们真的太单纯、太善良了！在孩子的眼里，世界又太复杂多变了，又有太多的不可思议和太多的无奈！为人师和为人父母的我们该怎样引领我们的天使们步入幸福快乐的天堂？

第三章

莫轻视尖子生的德育

在教育实践中我们发现，很多优等生存在着自负、自傲、虚荣、挫败心理等不良表现。对此，教师应该加强对尖子生的道德品质教育，尤其是要培养他们的责任心、集体荣誉感、诚信意识、同情心和宽容心，磨炼他们的意志，培养他们的创造能力，规范他们的行为意识。

成绩重要，品行更重要

人们常说，我们的教育不仅仅是为了传授知识，更是为了传承民族特有的美德。可见，对学生来说，不管在学习上有多么的优秀，多么的"拔尖"，都不能"缺德"。

但仔细想一想，在我们平常的教育教学工作中，很多时候我们更关心的是孩子的成绩，而忽视了孩子的品行，因而造成了许多所谓尖子生的"有才无德"。

我们来看下面这个案例：

本学期开学之初，高二年级进行了文理分班，我们班是理科班，因此在原班的基础上又增加了几名从其他班级调过来的新同学。其中一个学生引起了我的注意，他叫小涛，学习成绩很好，在我们班排在第四位。一看他的样子就知道他是属于很聪明但很不用功的那类学生。他原来的班主任也说他很有潜力但要看得紧一些，于是我决定先找他谈谈。

第一次谈话是在他到这个班级的第二天晚上，我给他分析了现在的形势，询问了他高一的学习情况以及来到新班级的感受，我们彼此都很诚恳。为了调动他的积极性，我让他担任团支书并鼓励他好好学习。他显然很受鼓舞，郑重地表示他一定会抓紧时间努力学习。这次谈话达到了预期效果，我很满意地结束了这次谈话。以后的日子里我仔细观察他，发现他的学习状态很不错，对于班级工作的热情也很高，我感到很欣慰。

事情的变化总是那么突然。周日晚自习的时候，我刚刚走进教室，小涛就找到我说有事情要跟我说。由于教室里说话不方便，我就把他领到了办公室。他的表情有些沉郁，我预感到有些不好的事情发生了。

他进门的第一句话就是："老师，您认为我是什么样的学生？"虽然我们相处才两个星期，但我感觉他是一个品质很好的学生，于是我坦诚地说："我认为你是个很不错、很值得信任的学生。"他紧皱了一下眉头，接着说："既然您相信我，那我就跟您说件事。"我点点头，示意他坐下慢慢说。

事情的经过是这样的：周五晚自习的一个课间，小涛回教室的时候与站在门口的一个男生小Ａ目光相遇，小Ａ带着不满的表情朝小涛的方向走了过来，为了避免发生争端，小涛立即回了教室。晚上小涛就听说小Ａ扬言要打他。可是今天他来上学的时候却听说小Ａ昨天被别人打了。刚刚小Ａ的一个同学冲进我班教室要打小涛，恰好小涛不在教室里。小涛说他现在很害怕，不知道该怎么办，请我帮他处理这件事。

"你和小Ａ是什么关系，以前有过矛盾吗？"我问。"我根本不知道他叫什么名字，只知道他是哪个班的，高一的时候我原来的那个班和他们班曾因为一场足球比赛有过不愉快，从那以后这两个班的学生见面就总是很不舒服，我和他没有任何个人的恩怨。他们一定是误会昨天的事是我干的了！""那昨天的事是不是你干的？你到底有没有找人打他？"我严肃地问到。"我的确没找人打他，如果真是我找的人，我干吗要主动跟您说这件事呢，我找您就因为我不想惹事！"看着他诚恳的样子和一脸无辜的表情，我相信了他。

我让小涛在我的办公室里不要出来，以免被"仇家"逮到，自己则去找德育主任商量这件事。很快，牵扯到这件事的几名学生被叫到了主任室，主任开始调查事件的经过，我则回到办公室安慰受惊的小涛。事件的调查进行得非常顺利，很快就有了大概的轮廓，为了避免小涛在放学后遇到"暗算"，我和主任商量让小涛先回家以保安全。送小涛出校门的时候我安慰他说："没什么可担心的，一切都会水落石出的，只要你是清白的，学校一定会还你一个公平。"

事情发展到这似乎应该结束了，但就在学校找到小Ａ调查的同时，一切又有了突变。据见到小Ａ被打的几名同学证明，打小Ａ的人中有小涛的朋友，为了调查清楚事情的真相，主任让我把小涛和他的家长一起叫到学校来。小涛到主任的办公室接受调查。我则和他的母亲在办公室里攀谈。我和小涛的母亲都认为小涛一定是无辜的，她相信自己的孩子，我相信我的学生。

经过了两个多小时漫长的等待，事情终于调查清楚了，主任通知小涛的母亲到德育办公室去，又过了半个多小时，我看见小涛低着头跟着母亲走出来。小涛的母亲仅仅说了一句："张老师，居然真和他有关系！"

就流下了眼泪。我的心里也有种说不出的难过滋味，甚至觉得受了愚弄。

原来，小涛在听说小Ａ要打他的消息后感到很害怕，并立刻把这件事跟他的一个好朋友小Ｂ（其他班级的一个学生）说了，小Ｂ劝他还是息事宁人的好，但年轻气盛的小涛觉得被别人这样威胁很丢面子，实在咽不下这口气。因为顾虑到学校，不能亲自动手，所以由小Ｂ出面找了几个社会小青年，来学校认了人，然后在放学后尾随小Ａ到他家附近打了他。

了解了事情的全部经过，我的心在颤。这已经不仅仅是小孩子生气打架那么简单，更让我感到不安……

这位教师的担忧是有道理的。

学生，作为发展中的人，他们的成长过程必然充满着尝试和错误，他们的心理尚不成熟，他们的品性正需重视，正视学生成长过程中的复杂性是教育成功的关键。重视学生的学习成绩是没有错的，但是一定不要忽视了学生的品行。在当前的教育实践中，无论是家长还是教师，常常目光过分集中在学生的学习上面，成绩好就一好百好，成绩成了我们评价学生的全部或惟一标准。其实，学生的学习成绩固然重要，但事实上学习好的学生的品行并不像我们想象当中那么好，我们不能仅仅以学习成绩作为评价学生的认知基础和情感方向，我们更应重视把学生培养成完整的人。作为完整的人，仅仅有学习成绩是远远不够的，情感、态度及价值观的形成是教师必须关注的。

培养尖子生的责任心

我们先看一个案例：

一日清晨，我开完年级组例会后来到教室门口，忽见一把扫帚"躺"在门口走廊的地上"睡大觉"。我不动声色地把扫帚拿起来，放到了教室后墙的角落里。

早读课后是晨会课，我把这件事在班上提出来了。三个值日生陆续站了起来，我笑着问："扫帚是谁扔到外面走廊里的？"三个人都满脸无辜的样子，争着为自己辩护："我没有！""不是我！""我拿回来了！"……我笑了笑说："哦？我们班的扫帚自己长脚了吗？不是吧！肯定是谁忘拿进来了！老师在这里不想责怪谁，因为谁都有不小心的时候嘛！我只想知道扫帚是谁拿出去的，想了解一下情况，说出来，没关系。"可三人依然无动于衷。我并不着急，又启发起来："还记得狼和小羊的故事吗？做人一定要诚实呀！只要你大胆承认错误，就说明你是个诚实的孩子，知错能改，还是个好孩子嘛！说吧，到底是谁扔外面的？"可令我万万没有想到的是，这三个学生依然没有一个人承认，三个人都仍在为自己极力辩护着，我一时愕然了，想想他们还是尖子生，我的心里久久不能平静……

案例中的三个学生明显是缺乏责任心。

所谓责任心，是指个人对自己和他人、对家庭和集体、对国家和社会所负责任的认识、情感和信念，以及与之相应的遵守规范、承担责任和履行义务的自觉态度。通俗地说，就是责任意识和负责精神，就是做好自己分内的事情，对自己所承担的事情尽心尽力，认真负责地完成。当自己承担的任务出现问题的时候要勇于承担责任，不推诿。

上述案例中出现的情况并非偶然，它的形成是有原因的。究其原因，最重要的一点就是父母剥夺了孩子从小就为自己承担责任的机会。现在的孩子大多数都是独生子女，是家里的"小皇帝""小公主"，如果还是成绩优秀的尖子生，那就更不得了了。因此，对待孩子，家长是捧在手里怕摔了，含在嘴里怕化了。穿衣洗脸、收拾房间、整理书包等这些孩子力所能及的事情都被家长一手包办了。就这样，家长在平时为孩子们包办代劳的活动中善意地剥夺了孩子承担责任的机会，使孩子从小就逐渐养成依赖的心理，凡事他们都认为会有自己的父母为自己处理好，根本无需自己操心，久而久之，在不知不觉之中孩子就渐渐丧失了责任心。其实，这是一种很不负责任的行为，这会影响孩子的一生。许多家长竟还盲目地认为这就是对孩子的爱，殊不知，就是这份"溺爱"，让孩子渐渐丧失了承担责任的勇气。

当然，作为教师，对此也负有不可推卸的责任，我们在关注学生成绩的同时，在为尖子生取得好成绩欣喜的同时，也往往忽略了对他们责任心的培养。

我们的社会在不断进步，我们的国家在飞速发展，这不仅需要大量的专业人才，更需要兼具社会责任感的人才。一个人无论其能力有多高，如果没有责任感，那他就不可能成为一个对祖国、对社会有用的人。对中小学生来说，没有责任感就不可能对自己严格要求，不可能认认真真地去做好每一件事情，更不可能有实现远大抱负所需要的坚强意志。所以，在德育教育中必须重视对包括尖子生在内的所有学生的责任心教育。在这一点上，国外的一些做法值得我们借鉴。

在发达国家的家庭里，父母、老师普遍认为，一个没有责任感的孩子，会因为找不到自己的生命在社会中的地位与重要性，而感到迷茫，从而失去创造成就的动力，容易被其他一些物质性的轻浮的事物而吸引，并沉溺在其中。因此。他们都重视从小培养孩子的责任心。

综观西方学校培养学生责任心的方法，其中一个非常有共性也非常有成效的建议便是：让孩子充当一些有意义的角色，使他们感到自己行为对集体所产生的重要性，同时也培养他们战胜自己的弱点、增长各种能力的信心。

在美国，从幼儿园开始，孩子们就担任老师的助手，帮助老师组织各种活动，以锻炼他们的责任感和能力。他们还让孩子、老师、家长一起参加有组织的社区活动（至少每两个星期参加一次社区活动），定期帮助他人。美国的《培养孩子责任心活动指南》和《助人手册》这两本书，为老师提供了许多适合孩子参加的活动，老师不仅以此培养学生关心他人的品质，产生自豪感和责任感，还使他们懂得合作的重要性，以及锲而不舍、持之以恒的价值。学校还经常组织学生参加各种志愿活动，让学生在和各种各样的人打交道的过程中学会理解他人、关心他人。孩子们也都非常愿意参与，并为自己日渐增长的能力感到自豪。

在日本，孩子很小的时候，就给他们灌输一种思想："不给别人添麻烦"。并在日常生活和学校教育中，注重培养他们的责任心和自强精神。全家人外出旅行，不论多么小的孩子，都要无一例外地背一个小背包。要问为什么？父母说："这是他们自己的东西，应该自己来背。"上学以后，许多学生都要在课余时间，参加社会活动，看到自己的行为为他人带来的影响，感到自己是为人所属，是有用处的，从而产生自豪感和责任感。

很多国家的人都十分欣赏德国人身上的优秀品质，认为德国人办事有责任心，言出必行。能够在世界上树立令人尊敬的民族形象，和他们的教育分不开。德国学校教育的最终目标是培养有觉悟、讲道德的高素质的创造者。他们的老师忠于职守的敬业精神，父母一丝不苟的劳动态度，整个社会大环境的熏陶，使孩子的责任意识不断增强，并把恪守信条、尽心尽责当作一种荣誉。德国的法律还规定，孩子到14岁就要在家里承担一些义务，比如要替家人擦皮鞋等。这样做不仅是为了培养孩子的劳动能力，也有利于培养孩子的社会义务感。

在德国，老师要求学生人人都要有一个记事本，把近期和远期的计划、学习和生活中的事项都预先记录在其中，让孩子们很早就锻炼过一种有规律的生活，让他们学习分配零花钱、支配时间，完成他的学习任务，发挥他的兴趣爱好，其间形成一种井然有序的关系。笔记本有助于学生更加守秩序、爱清洁和准确守时，同时，孩子在周密设计自己时间的同时也就开始了对其自身的周密设计。由此可见，他们帮助孩子确立生活的理智观念，并非要把他们限制在条条框框之中，而是让孩子更充分地发挥自己的天赋才能，达到自我实现的更高境界。

当然，培养学生责任心不是一蹴而就的事情，这也像育花一样，需要悉心栽培，否则，就有不开花或者枯萎的现象。所以，在培养过程中，要注意坚持原则，循序渐进。

1. 在培养学生责任心时，要坚持细微、严密、长期性原则

我们在培养学生责任心时，要坚持细微性原则。

（1）从细处着手。班主任应从学生身边小事入手，把学生的学习、做事、做人等习惯，细化成各种小事，让孩子人人有事可做。事事有章可循，并养成良好的习惯。

（2）确定精少的内容。根据学生的年龄和心理特点，每个学期最多侧重训练三到四个习惯。

（3）确定近小的目标。根据学生不同年龄段确定不同的目标要求，如在培养学生学习习惯中写作业一项时，要求低年级学生做到专心，不边写、边玩、边吃零食；中年级学生做到独立完成，正确率高；高年级学生做到仔细检查，自觉验证，并建立"错题集"，定期温习等。而且还要根据学生的个体差异确定不同的目标要求，如学习能力强的学生，作业的正确率要在90%至100%，一般的学生可在80%至90%，学习困难的学生可在70%或60%、50%，等等，只要符合学生自身的实际或目标即可。

在培养学生责任心的过程中，班主任还要坚持严密性原则。一是严格检查。结合学生在校一日生活，制定纪律、卫生、文明、出勤、住校

等检查评比制度。设立红领巾监督岗，按要求对学生进行严格检查，其结果与班级荣誉挂钩。二是坚持不懈。教育的有效性在于教育行为的一贯性，不能随波逐流搞"浮萍式"，要一直坚持做下去。三是矫正训练。习惯培养中更困难的是矫正不良习惯，需要的周期更长。在矫正不良习惯时，要求班主任不能主观、臆断、想当然，必须先弄清楚其正确的标准后再去矫正训练。

美国科学家研究表明，一个习惯的养成需要 21 天。这说明习惯的培养是一个教育过程，它必须要经过长期、反复、不间断的训练、强化才能形成，21 天养成的习惯如果不巩固也会消失，所以班主任对学生每一个习惯的训练最少坚持 1 个月，以后还要经常提醒，不断巩固。这期间特别需要的是我们老师有足够的耐心随时给予学生提醒。

2. 在培养学生责任心时，要正视学生心理，对症下药

从心理学角度来讲，很多人在潜意识当中都会有把责任归咎于他人的念头，这在他们遭遇个人的麻烦和挫折时尤其会显露出来。不成熟的人往往不去反思挫折和不幸的真正根源，而是寻找一个替代的对象，把责任推给他。比如，孩子犯错后，首先想到的是逃避责任，并寻找种种理由为自己辩解。如此的心理状态有专门的名称叫作"替罪羊理论"，任何理由，当然除当事者以外，自身环境、机遇、遗传等，都是可以"归罪"的目标。

这种不良的因素是孩子走向成熟道路的障碍，它使孩子逐渐丢掉了公正和宽容的心态，也缺乏理智地面对现实的勇气，而怨天尤人，觉得总是命运不公，渐渐丧失战胜挫折的力量。作为班主任，应该正视孩子的这种心理状态，坚持以人为本，把学生看成一个身心都不成熟的正在发展中的个体，孩子有不良的行为表现，逃避责任的意识，不是孩子的错，而是一种正常现象。因此，我们不仅要关注学生错误行为本身，更要关注分析错误行为产生的各种主观和客观原因，帮助孩子发挥能力去面对可能出现的问题和任务，帮助孩子从小树立明确清醒的责任态度，以理智纠正感情的偏激。

3. 在培养学生责任心时，要言行一致，赏罚分明

要使学生具有责任心和荣誉感，这就要求老师在教育过程中把握明确而坚决的分寸，身体力行地树立榜样，言行一致，赏罚分明。

对于学生的奖惩，不宜太频繁。常常以奖励积分或贴红星等各种形

式激励学生获得好成绩，或是以此让学生做一些公益性事情，会使学生前进的动力仅停留在外部的奖赏上，而体会不到奋斗与创造的真正喜悦；同时产生错觉，以为不论主动干点什么都能得到鼓励和表扬。学生必须懂得上学读书，品学优良是为他自己，而为班集体做事本身也是每个成员必须履行的职责。当然，当学生有了相当出色的表现，或者分外的行动，应当享受奖赏的快乐。

对学生的惩罚既要讲艺术性也要讲究原则，否则惩罚就不能令他们心服口服，也就失去了教育作用。惩罚之前，班主任应该先制定相应的规章制度，在学生犯错以后，言出必行。例如，对于屡次随意扔纸屑的学生，可以根据班规作出"捡起纸屑，并且去发现并教育另一个乱扔纸屑者"的处罚，让学生在教育他人的过程中，将尽心尽责深入心灵。

总之，只要我们教育者持之以恒，将责任心的培养寓于学生的日常生活之中，就能培养出富有责任心的尖子生。

培养尖子生的集体荣誉感

我们来看下面这个案例：

郑老师的班级里正在进行班干部民主选举，小华同学由于成绩优秀，最终被选为学习委员，这是老师、同学对他的信任，也是对他在学习方面表现出色的肯定。可是，他不但没有喜悦之情，反而有点反感，认为当了班干部，班里会有很多事情落在他的肩上，这样会影响他的学习。于是，他请求郑老师另选贤能。平时，对于学校里组织的活动，如学校组织的春游、秋游、看电影什么的，他就向老师提出不参加；在学校举办的运动会上，他不但不参加，而且对别的同学取得的优异成绩，他也漠然视之，甚至连鼓一下掌都不愿意……

这名尖子生不愿意为集体服务、不愿意参加集体活动，可见他的集体观念和集体荣誉感较为淡薄。

其实，这样的尖子生不在少数。

集体荣誉感是对集体的热爱，对身边人的关心，这是一种积极的心理品质，是激发人们奋发上进的精神力量。它能使所有的学生都自觉自愿地争取和维护集体荣誉，并发挥主动性和创造性，在学习中就会产生强烈的求知欲，就会互相帮助、团结友爱、和睦相处，就会为集体的建设尽一份心，出一份力，从而使班级更具凝聚力、竞争力、创造力，以及极大的进取、奋发精神。

那么，作为教师，尤其是班主任，应采取什么样的方法来培养尖子生——当然包括其他所有学生的集体荣誉感呢？

1. 通过集体活动，培养其集体荣誉感

精心组织一些有意义、广泛参与的集体活动，让学生在活动中充分表现自己是培养学生集体荣誉感的重要途径。集体活动多种多样，如运动会、文艺演出、为学生举行的生日晚会、元旦晚会等。那么，如何通过这些集体活动培养学生的集体荣誉感呢？我们来看一下杨老师的做法。

为了培养学生的集体荣誉感，杨老师以组织全班同学参加学校田径运动会为突破口。经过老师与全班同学的共同努力，这届运动会杨老师班上取得了团体总分初一年级第一名、全校第二名的佳绩。能够取得这样的好成绩，大大出乎同学们的意料，因此大家欢欣鼓舞，内心升起了强烈的集体荣誉感。为了使其得到升华，杨老师上了一节主题为"团结力量大"的班会课。杨老师首先提出了这样一个问题："我们班缺乏体育尖子，为什么能取得这样优异的成绩？"同学们在欢快的氛围中展开了热烈的讨论，然后归纳出了这次校运会取得成功的原因：首先是参赛人数多，本班是所有班中参赛人数最多的一个班，这与老师赛前的报名动员工作、解决各种不利于参赛的思想情绪有关；其次是后勤拉拉队的大力支持，不管运动员取得怎样的成绩，都能相互鼓励；再次是班中每日战况报道的宣传工作，大大鼓舞了运动员和其他同学的士气，校运会期间同学们为班级争光的精神得到了充分地发扬。在热烈的气氛中，杨老师将一根筷子给了一个班中力气最小的同学，她毫不费力地把它折断了；杨老师又拿了十双筷子给一个力气最大的男生，他费尽九牛二虎之力，而筷子却丝毫无损。杨老师这时总结道："我们知道个人的力量是微弱的，但是我们也知道团结就是力量，'团结力量大'。不但在体育比赛中如此，在学习上、思想上同学们也应该互相支持和鼓励，希望大家今后关心班集体，为班集体争光，把校运会精神在其他方面发扬光大！"

在这个案例中，杨老师通过组织学生参加运动会来培养学生的集体荣誉感。体育比赛是将个人特长与班集体荣誉自然而然地、毫无矛盾地融合在一起的一种重要方式。杨老师抓住运动会比赛前、比赛中及比赛后不同阶段的机会，使学生的集体荣誉感经历了从形成到升华的过程。

比赛前，杨老师动员全班同学积极报名参加运动会，并且根据班级成员的不同特点，鼓励其参与适合其特长的项目。此外，当班级成员中有不利于参赛的情绪出现之后，杨老师及时进行排解，保证比赛的顺利进行。在比赛过程中，除运动员在赛场上奋力拼搏之外，没有参加比赛的同学则组成拉拉队，一方面进行后勤保障工作；另一方面也给参加比赛的同学呐喊助威，并且当同学比赛失利时，他们能够及时给予安慰。班级的每日战况报道也大大鼓舞了全班同学的士气，最终使班级获得了优异的成绩。这个成绩是全班同学共同努力的结果，大家为之欢欣鼓舞。比赛结束后，杨老师通过班会的形式，分析在班级实力一般的情况下，这次运动会为什么能取得如此骄人的成绩。通过学生自己的分析和概括，使学生认识到只要全班同学齐心协力、团结一致，为班级获得好的成绩和荣誉并不是一件困难的事。最后，杨老师指出，不仅在体育比赛中是这样，在学习和其他方面同样也需要互相帮助、互相鼓励，从而提出"把校运会精神在其他方面发扬光大"的倡导。

在现实的班级教育中，也有很多老师运用体育比赛来培养学生的集体荣誉感，但他们一般认为比赛取得了好成绩，学生的集体荣誉感自然而然地也就产生了，这就算达到了目的。本案例中的杨老师却没有就此打住，而是通过班会的形式，使学生的集体荣誉感得到了深化与升华，这一做法值得其他教师和班主任借鉴与学习。

2.抓住教育契机，培养其班集体荣誉感

良好的教育契机是培养学生集体荣誉感的重要途径。事实上，班级中发生的点滴事情，都可以成为培养学生集体荣誉感的良好契机，这关键在于班主任要有一双善于发现的眼睛和一个遇到问题善于思考的大脑。我们来看下面这则案例中周老师是如何做的。

周老师新接手了初一（7）班，开学的第一天，与同学们见面。周老师走进教室，已经有一半的同学到了那里，但他们各自拉了桌凳坐着，后面还零乱地放着些桌凳，教室还未打扫。看到这幅景象，周老师便对

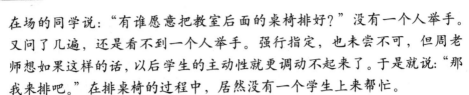

在场的同学说:"有谁愿意把教室后面的桌椅排好?"没有一个人举手。又问了几遍,还是看不到一个人举手。强行指定,也未尝不可,但周老师想如果这样的话,以后学生的主动性就更调动不起来了。于是就说:"那我来排吧。"在排桌椅的过程中,居然没有一个学生上来帮忙。

排完桌椅,周老师心里虽然很生气,但也有了更强的要试试这个班学生主动性的欲望,便说:"有谁愿意把我们的教室打扫一下?"眼睛扫视教室两遍,还是没有人举手。于是又问了一遍:"有谁愿意为我们班把教室打扫一下?没有人愿意还是我来。"终于,周老师看到有两位同学举起了手。于是,周老师让其他同学都先出去,他们三个人扫起了教室。

扫完教室,周老师回办公室休息了一下,感叹现在的独生子女受父母的过分宠爱,养成了以自我为中心的思想,劳动观念、集体观念淡薄。如何使这些学生能够愿意为集体付出,周老师决定抓住这个机会引导学生树立为集体出力的观念。

上课之后,周老师面对一双双瞧着自己的眼睛说:"同学们,我们每个人都有一个温暖的家,爸爸妈妈都努力地尽着自己的一份力,使我们家庭的每个成员感到幸福,我们也用自己的好成绩给家人带来欢乐。如果星期天哪位同学为家庭做一些家务,那定会给家人带来惊喜,你自己也会有一种特殊的感觉。大家是不是有这样的体会?""有!"大部分同学会心地笑了,还有几个表现得异常兴奋。周老师接着又说:"从现在开始,我们就组成了初一(7)班这样一个新班级,我们也是一个大家庭。在这个大家庭中,你们希不希望也像在自己的小家庭中一样感到温暖快乐呢?""希望!"学生的情绪慢慢地高涨起来。"那么,小家庭的幸福甜蜜需要每个家庭成员共同努力才能得来,我们这个大家庭的温暖快乐也需要大家努力付出。比如,刚才我们的教室又脏又乱,我和两位自告奋勇的同学为大家打扫干净了,现在我们坐在整齐干净的教室里心情多舒畅呀。我们在打扫时虽然吃了点灰尘,也有点累,但想到大家会因为我们的劳动而感到很舒心,我心里就很快乐。我们这两位同学一定也有这样的感觉,是不是啊?"这两个同学用力地点点头,脸上洋溢着幸福的微笑。"我希望在这个新的大家庭里,我们每个人尽其所能地为她出一份力,让大家感到温暖的时候,你会更幸福。"然后,周老师又问道:"下面,有谁愿意跟我去为大家把新书搬到教室里来?""我去!""我去!"下面"哗"地举起一大片手臂……

周老师在开学之初遇到了这样一个班，按照一般的推理，要想把这个班转变成一个人人乐意为班级作贡献的集体，可能还有很长的路要走。但此案例中的周老师却通过与学生"交手"的两三个回合，就使这个原本是一盘散沙的群体有了强烈的集体荣誉感，学生愿意并积极地参与班级事务，为同学服务。

通过对此案例的分析，我们发现周老师在培养学生的集体荣誉感时，抓住了三个关键的教育契机。第一，在班级组建之初，以身作则，带动部分学生主动为班级服务。周老师第一次与学生见面，看到班上凌乱的桌椅、肮脏的地面，问有没有同学愿意把桌椅排好时，却无人主动站起来做，如果老师此时指定几位同学起来为大家服务的话，以后再去改变这种局面就相当困难了。周老师并没有这样做，而是自己去把桌椅排好，然后又问有没有同学愿意为大家打扫教室。在老师的带动下，终于有两名同学站起来了。这就形成一个好的开端。第二，及时表扬两位主动站起来为大家扫地的同学，并说出自己和那两位同学在为大家服务时所带来的愉快和幸福的感觉，使其他同学受到鼓励。第三，继续提供学生为班级全体同学服务的机会，强化学生的行为，最终使得全班同学都愿意为班级的事务出一份力，并为此而感到高兴和骄傲。

3. 发挥学生的主体作用，培养其集体荣誉感

在培养学生的集体荣誉感时，班主任要以学生为主体，充分满足学生尊重、理解和自我实现的需要，充分发挥包括尖子生在内的每个学生的积极性，让他们以主人翁的姿态，主动参与班集体建设，并从中获得集体荣誉感。

我们来看下面这个案例。

新学期刚开学，由于经常发生偷盗事件，学校要求教室每天必须锁门。刚开始，朱老师决定让班委干部轮流保管，可是免不了有迟开门或不锁门的情况发生。有一天，班长拿着钥匙来找朱老师，说："班干部都不愿意保管钥匙，这几天都是我一个人保管的，我现在也不愿保管了。"朱老师一打听，原来保管钥匙确实有些麻烦，不仅要早来晚归，偶尔失误还会招来埋怨。听了班长的诉说，朱老师沉思了一下说："那就让我来保管吧。"朱老师接过钥匙，班长高兴地走了。看着手里的钥匙，朱老师心里沉甸甸的："如果这是每个人家里的钥匙，还会有人不愿意保管吗？为集

体服务真的就那么难吗？"之后的一个多星期里，朱老师每天认真地履行着管理钥匙的义务，并在思考解决这一问题的方案。

第二个星期的班会上，朱老师组织同学开展"幸福是什么"的讨论。同学们的讨论很热烈，同时朱老师又引导学生一起回忆以前学过的一些课文，最后得出："幸福要靠劳动，要靠很好地尽自己的义务，做出对人们有益的事情。"接着，朱老师又引导同学们讨论："你有幸福的时候吗？"朱老师也参与了发言，讲了一个多星期来为班上保管钥匙的感受。朱老师说："这些天来，我为同学们锁门、开门，为大家做了一点有益的事情。看到同学们感到高兴，我也感到高兴，也觉得很幸福。"这时，有几个班干部也谈到了保管钥匙的事情，并且愿意为大家保管钥匙，接着，其他同学也都纷纷表示要保管钥匙。有几个性急的学生当面要老师把钥匙交给他们。朱老师说："班上只有一把钥匙，只要一个人保管就行了，现在大家都要保管，这钥匙究竟由谁来管呢？"经过一番讨论，最后商定，每人保管一天，轮流值日。从此，这个制度就定下来了，每个同学都认真负责，再也没有出过什么差错。

在新课程改革的过程中，注重发挥学生的主体性是老师在课堂教学中必须树立的教育理念之一。班主任在培养学生集体荣誉感的过程中，同样也应该把发挥学生的主体性作为工作理念。"保管钥匙"是一件小事，但从这件小事中朱老师看到了班级中的问题所在。学生的班级荣誉感不强，作为班级核心和尖子生的班干部甚至班长都不愿做这样一件小事。那么，如何利用这件事情来培养学生的集体荣誉感呢？班主任并没有在班上批评班干部，而是以身作则，每天早起晚归地为班级开门、锁门。然后，又通过召开班会，开展"幸福是什么"的讨论，引导学生得出结论："幸福要靠劳动，要靠很好地尽自己的义务，做出对人们有益的事情。"朱老师也参与了学生的讨论，并说出了这一段时间为大家保管钥匙所带来的幸福感受，从而使学生意识到为班级服务，不仅可以为大家带来方便，而且还能使自己体验到幸福。这样一来，学生主动性得以发挥，学生为集体服务的意识也在讨论中逐步树立了起来。

4.发挥榜样的示范作用，增强学生的集体荣誉感

榜样的力量是无穷的。美国心理学家班杜拉的社会学习理论指出，儿童是通过模仿周围人的行为从而获得学习的，他人的行为对儿童发挥

着示范作用。作为班主任要重言行，更要重身教。同时，班主任还要善于发现学生中的先进分子，及时肯定他们的举动，对他们为班级带来的成绩和荣誉进行表扬，并且通过宣传为学生树立同龄人中的榜样，使其他学生对榜样的行为加以学习、模仿，从而增强班级所有同学的集体荣誉感。我们从苗老师的做法中或许会有一些启发。

时至深秋，天气转冷，学生们到校的时间明显没有以前早了。应该提前到校值日的同学，也会经常出现迟到的现象。再加上每天早晨卫生区都落叶满地，按时打扫完卫生区成为一个突出的问题。高二（1）班班主任苗老师很为班级值日任务的完成担忧。前两周已经有值日组因为值日结束太晚而影响了上第一节课，这让科任老师很不满意。苗老师强调纪律以后，值日生能做到按时上课了。可是，有一天卫生区没有打扫干净，值日生就回班级上课去了，导致班级被学校政体处点名批评。正当苗老师为此事发愁时，他却发现：这一周已经到星期五了，不但没有出现卫生区打扫不干净或不能按时上课的情况，而且上午还在学校公告栏发现了对自己班值日生的表扬。表扬称他们不但能认真打扫卫生，而且还针对秋天卫生难打扫的问题，结合自己的观察、体会，总结了清扫卫生区的一些方法和小窍门，并书面向学校政体处提出建议，希望完善后在全校推广。苗老师看到后非常高兴，就把这些同学召集来，听他们三言两语一说，他马上决定利用下午的班会时间，由这几个同学向全班作一个报告。

班会上，值日组的李同学代表全组发言。他说："大家知道，我平时很爱迟到，可是，这一周我们组值日，我却一次也没迟到。大家不明白为什么吧。情况是这样的：上周第三组值日，我的好朋友马某每天都很早到校打扫卫生，可是，他们组有几个人总是很晚才来，这就使得他尽管比别人多干很多，但是全组的任务还是不能按时完成。这让我很生气，很为他抱不平。"全班同学都把目光投向了马某。马某是班上一个默默无闻的学生，他的举动有些出乎大家的意料。"可是，我觉得光像他那样也不行，自己多干了活儿，可是因为全组的任务没完成，照样和大家一起受批评，而且还助长了其他同学继续偷懒的行为。这一周就该我们组值日了，我觉得自己要是再迟到，就太对不起本组的同学了。可是自己又没有毅力。况且，就算是自己能按时到校值日，如果有别的同学迟到，任务不还照样完不成吗？于是，我就给组长提建议，让大家想办法。组长正为这事发愁呢，听我一说，就把大家叫到一起开会。最后我们制订了几条措施，主要包括：一、牛某每天起床都早，让他给我和方某打电话，催我们尽快到学校。二、不吃大锅饭，责任落实到人。把卫生区划分区域，每人一块。三、既有分工，又有合作。分开扫地，一同洒水、倒垃圾。四、讲究方法，不蛮干。比如：顺风向扫地，使大扫帚压紧地面，一遍扫净；全组同学都朝同一方向扫，不重复劳动……其实这些方法大家都会，关键看你想不想做。只要你不愿意给你们组的同学添麻烦，只要你想着大家的任务里有你的一份，你就会做到……"

在上面的案例中，面对按时清扫卫生区的难题，苗老师班上部分学生的做法已经在某种程度上损害了班集体的利益。那么如何让学生认识到这一点，并及时纠正其行为呢？开始的时候，苗老师也在为此事发愁。后来，苗老师发现了以李某为代表的值日组的优秀表现，他们的做法为苗老师提供了解决这一问题的办法：发挥以李明为代表的值日组的榜样作用，培养全班同学的集体荣誉感。于是苗老师为这一值日组提供机会，让他们现身说法，讲述他们如何通过自己的思考找到解决问题的办法，而这一问题的解决又为班集体带来了荣誉，使高二（1）班在全校得到了表扬，然后又把自己所得出的解决办法告诉了全体同学。这使得其他同学也可以学习这种方法，既能有效地完成值日任务，又能维护班级利益，使学生产生集体荣誉感。

我们看到，虽然在班会上主要是李某在讲，似乎没有看到苗老师的作用，但是这正是本案例中的一个亮点。有不少班主任在班会上喜欢自己直接向学生强调学校的纪律，提出各种各样的要求，尽管这样也会达到一定的效果，而且效率很高，这和发挥学生的主体作用、让学生自主管理的理念是不切合的。在本案例中，苗老师不是自己直接介绍李某所在值日组的做法，也不是直接进行表扬，号召大家向他们学习，而是把更多的时间留给学生，让李某亲自讲事情的来龙去脉。这样更显真实可信、亲切自然，学生更乐意接受。另外，通过李某的发言我们也可以看到，现在学生心中的榜样已经不再是只会任劳任怨、踏实肯干的人。这种精神学生并不反对，这从他们的反应就可以看出，但是仅仅任劳任怨、踏实肯干是远远不够的，要成为学生信服的榜样，还必须有头脑，会组织，能够进行团队协作，依靠集体的力量完成工作任务。苗老师把这样的团队树为榜样，并且通过李某的发言让大家对马某的举动进行公正的评价。这样做，不仅是通过榜样的树立来增强学生的集体荣誉感，同时，也为学生提供了一个评判的榜样，一次进行取舍的机会，有助于学生社会判断能力的增强。

5. 帮助学生用正确的方式维护班级的荣誉

当班集体的利益或荣誉受到损害时，作为班集体中的成员采取一定的措施来维护班级的荣誉，这是学生集体荣誉感的体现。但是，学生在维护集体荣誉的时候，有时会受到一些不正确思想的误导，使得他们用一些错误的方式来加以维护。因此，在培养学生集体荣誉感时，应该对这一点加以注意。来看下面这则案例。

丁老师所带的班是全校的"财产保管标兵班"。在这方面，班里的生活委员还代表全班同学向各兄弟班介绍过爱护公共财物的经验。但在介绍经验后不久，班里竟发生了这样一件事。

那天早上，丁老师去教室上课时，突然发现黑板靠右侧还有一片白花花的粉笔印，这是以前从来没有的事。他拿起抹布一擦，一道一米多长的细细裂纹明显地露了出来。丁老师转过头来，发现一双双惊惶失措的眼睛正在紧张地望着他。

"这是怎么回事？"丁老师严肃地问。话音刚落，两名同学站了起来，其中一个说道："是我俩不小心打破的。""那为什么不告诉老师？为什么要瞒着我呢？"丁老师大声问道。教室里安静得令人窒息，没有人回答丁老师的问话。放学后，丁老师把生活委员和几个同学叫到办公室，他们解释说："老师，不是我们不想告诉您，主要是不想把这事声张出去。赔钱不要紧，可咱班连续两年的'标兵'就保不住了。再说，前几天刚向学校介绍了经验，这不是自打嘴巴，让别人看笑话吗？况且裂纹很细，并不影响上课。这事您就当不知道得了。"

"这是全班同学的想法吗？"丁老师问。

"是的，凡是知道这事的大多数同学都这么想。"

丁老师恍然大悟，但又陷入了深深的思考之中。学生还处于发展的阶段，其不正确的思想还需要教师去引导。经过反复思考，丁老师决定采用同学们"自己教育自己"的方式，让同学们懂得什么是真正的

"荣誉"。

丁老师先把班干部、团员召集在一起，让他们讨论。班会开得很热烈，一个班干部说："集体的荣誉高于一切，无论如何也要维护它，保住它。"另一个班干部接着说："也要看荣誉是如何取得的，假的荣誉不应该维护……"在争论相持不下时，他们请丁老师发表意见。丁老师说，大家可以继续交换意见，明天召开一个由全班同学参加的讨论会。

"什么是真正的荣誉"讨论会开始了，发言十分踊跃。经过热烈的讨论，同学们认识到：诚实是一种美德，用隐瞒事实真相来维护集体荣誉，只不过是虚假的荣誉。如果这样做，不仅有损于诚实的美德，而且到头来也损害了集体的荣誉。这时，打破黑板的同学激动地走上讲台，表示要去学校主动承认错误并赔偿损失，决不能再给集体抹黑了。接着班干部、团员纷纷表态，要接受这次事件的教训，用实际行动为集体赢得真正的荣誉。

什么是真正的荣誉，怎样才能获得真正的荣誉，相信通过这个案例我们都可以得出结论。在整个社会呼吁诚信的今天，丁老师通过这个例子教会学生：用隐瞒事实真相得来的集体荣誉，只不过是虚假的荣誉，这样做，不仅有损于诚实的美德，而且到头来也损害了集体的荣誉。这使全班学生认识到唯有诚实，才可能获得真正的荣誉。

在学生已经具有集体荣誉感的时候，如何教育学生用正确的方式来维护集体荣誉也是班主任应该重视的一项工作。在该案例中，当学生感到班级荣誉可能会因班中同学损害了公共财物而受到损害时，他们大多数采用了欺骗的方式来维护班级荣誉。丁老师了解到这种情况之后，通过让学生自己进行讨论，营造舆论氛围，最终使学生认识到他们所作所为中的错误之处，使犯错误的同学主动去学校承认错误并赔偿损失。虽然表面上班级的利益和荣誉受到了损害，但事实上正是这种行动维护了班级的荣誉，从而使得"财产保管标兵班"这一称号更加名副其实。

总之，人总是生活在集体里，个人与所在的集体有着千丝万缕的联系，人们总是在不断享受着集体或他人所给予的利益。尖子生作为集体中的一员，应该懂得如何关心、爱护这个集体，并为它做出贡献。作为教师，有责任从小对他们进行集体主义教育，使他们融入社会力量，与社会发展同步前进。

培养尖子生的诚信意识

有这样一个真实的案例：

小王读四年级了，学习成绩挺好，在学校也能够遵守纪律、尊敬老师、关心同学，应该说是个不错的孩子。可是，他有一个缺点，就是不守信用，说过的话经常兑现不了：昨天借了同桌一块橡皮答应今天还却没有还；好朋友明明请他帮忙带一本书，他答应得很痛快，可总是忘记带；和妈妈说好星期天去看奶奶，却又答应了同学一块去踢球……这样的事情真是不少，弄得大家都有了意见。

像小王这样的例子，在尖子生中还有不少。诚信是一个人立足于社会和事业发展的基石。要使孩子在未来社会的竞争中立于不败之地，就必须让他们具备诚信的品质。孩子为什么会不守信用呢？

（1）孩子缺乏责任感，做事马虎，是个"马大哈"。孩子也许口头上答应了一些事情，实际上并没把事情真正放在心里，说过的话自己也忘记了，没有养成认真仔细的好习惯，总是丢三落四，自己也糊里糊涂的，所以才常常失信于人。孩子因为年龄比较小，自觉性较差，对自己应该担负的责任没有明确的概念，常常会凭着感觉做事情，对自己的一言一行代表着什么不是很清楚，行动的随意性很大，这和孩子从小习惯的培养关系很大。有的孩子在家里从来不懂得收拾自己的东西，用好了随便一扔，东西不见了就要爸爸妈妈重新买；或者在家里过惯了"衣来伸手、饭来张口"的日子，什么事情都由大人包办，没有机会去学习自己承担责任，故而对任何事情都没有认真考虑，没有想到自己应该做些什么。孩子不懂得什么叫作"责任"和"诺言"，是他们不讲信用的一个主要原因。

（2）孩子身边有仿效的对象，模仿别人的行为。如果在孩子的身边，有人经常不守信用，乱开"空头支票"，或者说话不算数，或者借了人家的东西不及时归还，或者答应别人的事总是做不到，都会给孩子造成不良的影响。如果这些不守信用的人在孩子的眼里"没有受到什么惩罚，不需要负什么责任"，孩子就会认同他们的做法；如果这样的行为发生在同学之间没有及时得到纠正，使孩子受到损害，孩子或许会采用同样的方法"回敬"对方；如果和孩子关系密切的人有这种行为，尤其是对孩子不讲信用，那么孩子就很难不受影响了。

（3）孩子故意吹牛。孩子吹牛出于虚荣心，他答应的事情其实超出了他的能力范围，根本无法兑现，但为了让别人觉得他"很能干"而轻易承诺一些力不能及的事情，因此常常故意装作"忘记了"，以此作为一种拖延时间的"耍赖"手段。这是一个人性的弱点，如果发展下去，是十分不利于孩子的健康成长的。

对不懂得讲信用的孩子，应该如何进行帮助和教育呢？

一切形式化的教育，急功近利的做法只会事倍功半，甚至劳而无功。对包括尖子生在内的青少年的诚信教育必须从长远着眼，从细处着手。

1. 加强学校诚信建设

在学生的诚信教育中，学校承担着极其重要且不可替代的作用。学校的诚信形象，直接影响着对学生包括尖子生的诚信教育。因此，学校要树立以诚信为本的观念，要进一步加强管理，杜绝种种不诚信现象的发生。学校对学生的诚信教育也不能仅仅停留于口号，停留于课堂灌输，停留于形式，而应从学校管理、教师形象和领导形象上做起，以学校的诚信、教师的诚信和领导的诚信来影响学生，教育学生。

诚信是绽放于人类之树的一朵鲜花，是做人之本立事之根。作为人类灵魂工程师的教师，无论面对怎样迷离的尘世，都应始终是一面诚信的大旗！教师要爱岗敬业，严谨治学，廉洁从教，让全社会满意。孩子是祖国的未来、民族的希望，看看他们的眼睛，如星星般明亮，如泉水般清澈，是那样的纯洁，那样的坚定。在这样的纯洁面前，哪怕说错一句话都是对他们的亵渎；在这样的坚定里，更多的是对老师的执著和无比的信任。所以，我们要任尔东西南北风，咬住"诚信"不放松，关心爱护学生，平等对待学生，不歧视，不体罚，以自己的诚信去洁净千万学生的心灵。

2. 培养学生道德上的自觉

学校德育工作的重心就是要针对社会热点问题，解除学生思想上的困惑，并要让学生包括尖子生认识到市场经济所带来的双重影响。从诚信教育的层面来看，学校应该从小做起。除要在课堂上向学生教授书本上有关诚信的内容外，还应该把社会当作对学生进行诚信教育的大课堂，教育学生要用科学而正确的人生观、世界观和价值观去看待社会上出现的诚信缺失现象，让学生逐步树立起"诚信光荣，失信可耻"的观念。诚信教育，不应把起点仅仅放在要不要诚信上，而应该让学生思考怎样建立诚信，使社会多些诚信，让学生从社会责任感的高度设计诚信社会，由此培养学生独立思想和精神自由，培养学生道德上的自觉。

3. 建立学生个人信用档案，加大失信成本

"狼来了并不可怕，失去诚信最可怕。"信用是一个人立足于社会的根基，谁都不愿也不敢与没有信用的人打交道。我们通过建立学生个人的信用档案，对学生个人的信用状况进行记录和监督，并利用信息网络和信用档案，把"失信者"曾经的"失信"行为记录在案，对有不良信用记录的个人进行各种惩罚。建立学生个人信用档案，加大失信成本，可以减少失信行为的发生，从而树立起"失去诚信，寸步难行"的新风尚。

一滴水能够折射出太阳的七彩斑斓，举手投足可以显示出一个人道德素养的高低优劣。教师要引导尖子生从大处着眼，小处着手，从不说谎、不抄袭作业、考试不作弊、拾金不昧等最基本的日常行为规范和道德要求做起——见微知著，只要在诚信的道路上循序渐进，持之以恒，相信诚信教育的最终目的——培养完善的人格将会达到，而迈好诚信第一步，会使孩子受益一生。

诚信不仅是道德问题，而且是一种法律意识，是每一个公民必须具备的基本修养。漫漫人生旅途需要我们一步步走好，不管途中遇到什么样的困难，都要教育学生们千万别忘了诚信。诚信不意味着傻气，它意味着我们愿用一颗真诚的心去面对生活。让我们用自己的双手，将人生这部大书写好，让我们生活的酒更醇，歌更好，花更美。

让尖子生做个守规则的人

相信许多人都看到过这个故事：

一个周末，3个中国人正在篮球场上打篮球。这时过来了4个外国小伙子，提出要和中国人一起打半场。中国人同意了。但新的问题出现了：中国人只有3个人，而对方却是4个人，怎么打？结果4个外国小伙子几乎连相互看一眼都没有，便走到罚球区，一个接一个地拿起球就投篮。

两轮过后，投球最少的那个小伙子咧咧嘴捂着头，默默地走到场外，另外 3 个则与中国人打起了半场赛。

相信凡是读过这个故事的人都会留下深刻的印象，并心生许多感慨。让人感慨的不是别的，就是他们"让规则看守一切"的意识。

在有的国家，人们守规则的做法是很出名的。他们守规则的认真劲儿，在我们的眼里都有点"死心眼儿"。

一群大学生在德国某城市的街头做了这样一个实验：

在马路上两个并排着的公用电话亭上分别贴上了"男""女"两个大字，然后退到一边观察。结果发现，前来打电话的人都严格遵守所标的使用类别，决不混用。男电话亭前排了好几个等着打电话的人，却没有一个到女电话亭去，尽管女电话亭闲着。一个法国人见了说，电话亭又不是洗手间，分什么男女。德国人说，既然标明了男女总该是有原因的，就先遵守规则再说吧。

一个去过德国的朋友告诉我，他在德国考察期间，一个很大的感受就是德国人很守时，说是几点就是几点，几乎一分不差。每次乘车外出，司机总是按预定的时间，早早将车停在那里等着。

最近读到一篇《小是重要的》的文章，其中的一段所讲的是一个大学生的做法，让我感受很深。

怎么贴海报

玛莎是北岭分校二年级的学生，一边学习一边打工，此外还在校学生会做些义务工作。这一天，学生会交给她一项任务，在校园的醒目位置张贴几十张"文化节"海报。学校的标志性公共场所都有广告栏，所以玛莎很快就贴得差不多了。当她再回到学生会，准备贴最后一批海报时，发现广告栏已经贴满了。怎么办？

那天我正在学生会所在的"Union"转悠，这里是校园生活的一个中心。看到一个姑娘在广告栏前站了好久，我以为有什么好事预告，连忙走过去凑热闹。搭上话才明白，玛莎遇上了这么一个小小的难题，我不禁脱口而出："广告栏里有几条东西早过时了，贴上去没什么问题。"玛莎回答：

"我不确定。"我心想，这姑娘真笨，连上上星期的活动都记不住。再说，有些学生的卖车租房交友信息，几乎每一处广告栏上都贴着，将其覆盖一二又何妨？跟她一建议，回答更绝："他们会投诉的。"这下我不管了，就找了份报纸坐到旁边去看。只见玛莎走到U—nion的露天中厅里，在四周的木柱子上比划着。个别学生会在那上边贴或钉东西，但很不雅观，柱子也被弄得"惨不忍睹"。我暗想，你不也得这么干吗？是不是这样就没人投诉？玛莎比划了一会儿就走开了。她到底想怎么办？好奇的我决定看下去。

玛莎回来了，拿了很多新东西。她先用彩色的塑料布将一根根木柱子包起来，用透明胶封好口，然后再在塑料布上面贴上海报。她干得一丝不苟，不一会儿，所有的柱子上都贴好了，一派鲜活生动又整整齐齐，既利用了空间又保持了清洁，看起来很有艺术效果，将来取下来也非常方便。

我看着玛莎的"作品"，心里不禁荡起阵阵涟漪。玛莎既没有用"学生会"的名义覆盖掉个别学生的"私有空间"（虽然这些"私有空间"远不如"文化节"对学校有用），也没有随随便便去占据公共空间。她不是想着怎么脱离规则求方便，而是想怎么在规则之内求创造。

在许多公共场合注意观察一下，便会发现不守规则的人比比皆是。城市中道路口设置了红绿灯，可还得有警察把守，有时还不只一位警察，为什么？就是专门对付那些不守交通规则的人。

这种不懂规则、不守规则的行为，已经成了一种"集体无意识"。

规则意识的淡漠，在一些学生包括尖子生的身上也表现出来。

曾在某媒体上看过这样一篇文章：

学校里有两位外籍教师，他们担任六年级的英语教学。有一年，在外籍教师的帮助下，学校组织了20多个成绩优异的尖子生到澳大利亚参观那里的学校，并且和澳洲的孩子进行了交流。在澳洲的中学里，孩子们之间没有生疏感，相互之间交流得很好，带队的老师也感到很高兴。

很快到了吃饭的时间。学校实行的是买饭制，于是学生们一起到餐厅中排队买饭。餐厅中的各个窗口都标有类别，有高年级窗口，有教师窗口，他们还特别为中国学生开辟了一个窗口。每个学生窗口前都排起了长长的队伍，买饭菜的速度很慢。

紧邻中国学生窗口的教师窗口没有一个人，于是，有的中国学生建议到那个窗口去打饭。结果，他们当中便有人跑到教师窗口，很快，中国学生个个都打好了饭。

他们回转身来，发现澳洲的学生们仍然在排着队，没有一个到空无一人的教师窗口打饭。中国学生都感到奇怪，难道这是校规？

带队的中国老师带着这个疑问，询问了学校的副校长。副校长说："这不是我们的校规，但这可能是个习惯。"这位老师还是觉得奇怪，学校里竟然有这种习惯，这不是太迂腐、太不灵活了？

后来，他又问了澳洲同学这个问题。一位读初二的澳洲男孩告诉他："这是规则，规则不就是让人遵守的？否则要它干什么！"他听了，汗颜不已。

那位老师回国后，说这是去澳大利亚最大的收获，不仅仅是学生，对自己也是极深刻的一课。

我们的尖子生缺少什么？素质教育应如何搞？从上面的文章中，是不是可以得到一些答案？

谁都希望安静平和地过日子，谁都希望生活在一个文明、秩序井然的社会巾。

现实情况是，许许多多的人感到生活得很累。

为什么？这其中很大一部分原因是没有良好的秩序和规则。

在没有良好秩序和规则的环境中，有时你要做成一件事很困难，甚至要付出几倍的努力，搞得你疲惫不堪。有时，你会觉得生活缺少安全感和预期性，你会时时感到生活的无奈。

在这种无奈面前，你要实现自己的想法，要做成某件事，成本（包括物质和精神的）无疑会大大增加。

成本增加的不仅仅是个人，还有整个社会。

道理不难明白。单就维持交通秩序来说，在一些大城市，尽管有红绿灯，但路上到处是警察，有的路口有三四个。这么多警察是要拿工资的，发工资的钱哪里来？自然是纳税人的钱。

在我国，许多系统在运行方面成本都很高。由于不讲究卫生，因此环卫工很多；由于摆摊不按规则，因此工商、城管的人很多……

最后的结果是什么呢？导致政府机构的臃肿和税收的增加，也就是

纳税人的负担加重。

转了一个圈，不守规则造成的负面影响最后还是落到了不守规则的人身上（当然也包括那些守规则的人，他们更冤枉）。

要降低社会的运行成本，提高社会运转效率和人们的生存质量，就要让守规则成为人们的一种自觉习惯和行为规范。

但是，靠什么来建设一个"规则社会"？换句话说，怎样才能用尽可能小的成本，在尽可能短的时间内树立起民众的"规则意识"？

事实上，我们不是缺少规则，而是缺少遵守规则的人。

最可怕的不是没有规则，而是明知有规则却不遵守。

如何让人们守规则呢？

以往，我们太相信个人道德的自我约束能力，过分地依赖个体的自觉，过高地相信了教育的力量。

实践证明，这是我们在建设"规则社会"上的一个失误。

道德不是万能的。

教育也不是万能的，无论是社会教育还是学校教育。指望道德自我约束和教育的感化，不如指望外部规则的强制规范；从人性的优点出发设立供人们去自觉追求的目标，不如针对人性中的弱点来扎起"篱笆"。

新加坡的文明是举世闻名的，同时其严厉的惩罚措施也是有名的。例如，规定在地铁里不准吃东西或喝任何饮料，违者罚 500 新元（相当于 3000 元人民币）。还有，不准吃口香糖，而且罚款也不是个小数目。

美国社会的文明也是人所共知的。在那里，罚款也是无所不在的。一位去美国考察的教育专家对此深有感触。

在国内，不少人对美国的交通秩序、社会规范非常羡慕，其实这是罚出来的规范。

停车自动交车位费，看上去人人都非常自觉。一下车，第一件事就是往自动收费投币器里投硬币。其实，几乎每一个美国人都清楚，负责监察停车费收缴的女警察每天处罚的工作是有限额的，每个州的规定略有不同，但大概都要完成六七十张罚款单。你可以不投硬币，但一旦落网，便处罚 271 美元，够你停几年车的费用。

有些事情看起来很小，但美国人也并不像我们认为的那样不拘小节。譬如，你家门前的草地剪得不好，如果邻居认为已经影响到他们房产的价格，他就可以告你，政府会派人来剪，并开一张罚单，你就必须付账。虽然自己的家产归自己所有，但该怎么做，却是万万马虎不得的。给我们上课的全美国际商务联合咨询公司的洪女士，自己门外的一棵百年橡树被龙卷风折断了，因怕伤害小孩子，就请林业公司锯掉了，结果政府马上寄来了一封信告诉她，如果没有充分的理由可以说明，就要被罚款。美国有些州的法律规定，雪后必须在4小时内把自己的门前打扫干净，不然一旦行人发生事故，就要负赔偿责任。美国的法律法规细到不能再细的程度，而又总是动真格的，总是在经济上让你"动心"。

有些时候，你可能也逃过了罚款，但人不死，债不烂。如果有一天你的不轨行为被发现，那新账旧账一起算，一般人是难以招架的。我国台湾地区有个人到美国去的时候带了两万美元未报关。20年后有人告发了他，结果被处罚了20万美元。

在这样的惩罚面前，谁还敢以身试法呢？

有不怕被教育的人，但没有不怕被重罚的人。

在国民整体素质还不是很高，国民接受教育的能力和认同规则的能力还比较低的今天，更离不开强有力的制度和机制保障。

那么，怎样让学生学会守规则？让尖子生学会守规则？

面对社会上种种不守规则的现象和人，面对社会群体规则意识的淡漠，要让学生包括尖子生学会守规则，并不是一件容易的事。

一次，在一个拥挤的路口，我看见一个穿着入时的女士牵着一个五六岁的小女孩横过马路。看着母女俩在车流中七拐八拐，我着实为她们捏了一把汗。我在想：为什么就不能等信号灯绿了的时候再过呢？这位母亲示范给孩子的是什么呢？假如孩子想到要等信号灯绿了再过，她能向母亲提出来吗？即便提出来，母亲能听吗？

面对这样的校外环境，学校应该怎样做？

假如说学校无力改变社会，但在校园内创建一个"规则说了算"的环境，这是学校应该做和能够做到的事情。

我们来看看20世纪90年代发生在剑桥大学的故事。

在一次考试的过程中，有个勇敢而极富创意的考生突然提出，要监考的学监为他提供点心和啤酒。接下来是这样一段对话：

考生：我要求您现在给我拿点心和啤酒，先生。

学监：很抱歉，不行。

考生：我坚持我的要求，先生。我不仅是请求，而且是命令您现在给我拿点心和啤酒。

这个同学同时出示了一份剑桥大学校规的复印件。这套校规是在400年前用拉丁文订立的，名义上永远有效。他指出其中不引人注意的一条：参与考试的所有考生，有权在考试过程中得到点心和啤酒。

惊讶之余，学监不能再表示异议。他临时拿来了可乐和汉堡包为替代品。那个机智过人的学生一边舒服地又吃又喝，一边答完了他的试题。

5个星期之后，剑桥大学给予这名考生罚款5英镑的处分，理由是：在考试过程中，该考生并没有按照校规带上佩剑。

如同在社会上一样，对待学生，也应当贯彻一种"法制"的精神，让学生懂得，一个人可以运用规则来保障自己的权利，同时也要接受规则的约束和裁判。在规则面前，人人都是平等的；而人人守规则的结果，又会为人人建立一个公平、公正的环境。

在美国哈佛大学的历史上曾发生过一个故事，这个故事作为一个"规则第一"的经典至今已流传了200多年。

当年，牧师哈佛在立遗嘱时，将自己的一块地和250本书赠送给了当地的一所学院，这所学院后来就发展成了今天的哈佛大学。

这所学院很珍惜这250本书，将其存放在图书馆内，并且规定，学生只能在图书馆内阅读，不能携带出馆外。

后来，关于这250本书发生了这样一个故事：1764年的一天深夜，一场大火烧毁了这个图书馆。大火发生之前，一名学生碰巧将哈佛牧师捐赠的一本《基督教针对魔鬼世俗与肉欲的战争》偷偷带出了图书馆，准备在宿舍里读。当他得知图书馆被烧毁后，意识到自己拿出来的这本书，已经是那250本书中的唯一一本了，珍贵不言而喻。怎么办？经过一番思想斗争之后，他找到了当时的校长霍里厄克，说明了原委，并将书还给了学校。霍里厄克收下书，感谢了他，然后将他开除了，理由是他违反了校规。

这就是哈佛的理念：让校规看守哈佛的一切，比道德看守哈佛更安全更有效。

其实，在我们看来，霍里厄克校长完全可以不开除这名学生，因为哈佛牧师的书总算留下了一本，并且这名学生还是诚实的，事后主动将书送了回来。但霍里厄克最终还是选择了按校规办。这样做，他就将"一切按校规来"这种理念种进了当时乃至后来的哈佛大学学生们的心中。

没有哪一种关于规则的教育比这更有效。

但这种有效的方法却常常被我们有意无意地忽视了。

不管是在中学还是大学的食堂，常常会有买饭不排队的现象。人们往往将这种现象的产生归因于学生的自觉意识差。但仔细观察一下，你会发现，其实不完全是这么回事。食堂里卖饭的人往往不看谁先来后到，谁的手伸得长，就先卖给谁。

一次我在一所中学采访，校长领我参观餐厅。正是午饭时间，在一个标有"教师窗口"的售饭处，只见前面排了十几个正在买饭的学生，几位老师排在学生的后面。

学生在老师的窗口买饭，这显然是不守规则。但为什么会这样呢？一方面是因为学生缺乏规则意识，不懂得尊重老师，更重要的还在于负责执行规则的人，即卖饭的人没有尽到责任。假如卖饭的人坚决不卖给学生，哪怕你是尖子生也不行，那么还会出现这种现象吗？但是，如何让卖饭的人严格执行规则，那只有学校的校规能约束，而不是老师能做到的。

有规则不严格执行，实际上就是鼓励大家不守规则。

要让学生都守规则，就必须创造这样的现实，即让守规则者不吃亏，不守规则者得不到任何便宜。

唯如此，我们的学生才能成为守规则的人；

唯如此，我们的尖子生才能成为守规则的优秀学生。

唤起尖子生的同情心

有位班主任讲过这样一件事：

某班正在开展"慈善捐款"活动，可是同学们奉献爱心的热情显得不是很高。很多学生在这个时候选择了沉默。尤其是一个身穿名牌，家境富裕的尖子生，他一直坐在座位上津津有味地看着自己喜爱的连环画，一副"事不关己，高高挂起"的模样。班主任陆老师见此情景，提醒他，"你看，爱心活动的场面多感人"。他却振振有词地说："我才不浪费钱呢，我不是傻瓜！"

这种对一切漠不关心、冷漠无情的不良心态，不利于尖子生的健康成长。那么，如何才能唤起尖子生的同情心呢？

引导尖子生孝敬父母

可经常开展"今日我当家"之类的体验活动。引导尖子生适当地承担一些家务，干一些力所能及的事，让他们体验生活的艰辛，从而教育其更好地理解他人，克服自私心理。

可经常开展"孩子孝，父母笑"之类的活动。例如，确定双休日为"孝敬日"，要求全体学生在周末必须为父母做一件事，如当父母劳累一天下班回家时，要学会及时倒杯水递给父母喝，并让他们休息一会儿，而不应该父母一进门，就急忙翻父母的提包，看给自己带回了什么东西。要让尖子生慢慢学会懂得去关心父母，而不是总奢求父母给他们无私的爱。

另外，还可经常引导尖子生这样去做：每天晚饭后，把自己在学校里的情况，向父母说一说；一天之中，尽量抽时间，洗一次碗；当你与父母发生争执时，尽量克制自己，首先把说话的音量放低；一个月，与父母一起看一场电影；星期天，抽一点时间洗自己的衣服，也帮着洗父母的衣服，尽量节省，不乱花零用钱，积攒一点零花钱在父母生日时，买一件礼轻情义重的小礼物送给父母；或者干脆自己动手制作一张精美的贺卡送给父母……

引导尖子生关心同学

日常生活中，教师不经意的言行，都会给学生一种直观感受，起到潜移默化的作用。例如，当班中学生因身体不适呕吐了，其他同学见状或哈哈大笑或捂鼻子时，老师不是去责怪同学"幸灾乐祸"，而是应当赶紧深表同情地说："哎哟，某某同学呕吐了，真可怜啊！上回你呕吐也很难受吧？""幸灾乐祸"者往往会联想到自己的痛苦经历，从而止住笑，松开捂鼻子的手。老师则可以拿出自己的餐巾纸和学生一起去关心那个呕吐的同学，问问他还难受不难受，以示同情。当班中学生不小心跌倒时，可以和其他学生一起去把他扶起来，问他痛不痛，安慰他等等。教师要时刻以身作则，言传身教，充分利用学生的向师心理，使学生从模仿到自觉，从而开始同情、关心班中同学，使同伴之间建立起深厚的友谊。

引导尖子生敬老助残

敬老助残是中华民族的传统美德。为了使尖子生拥有这种美德，教师可经常搞以下活动。

经常开展"敬老院里认亲人"活动，让学生深深体会到孤寡老人是需要我们特别关心的弱势群体。请学生以"雏鹰假日小队"或四人小组名义，共同结对一个"爷爷"或"奶奶"，经常上门慰问，为他（她）打扫卫生、庆贺生日或表演节目，使他（她）能感受到亲情与快乐。

经常开展"我与残疾儿童手拉手"活动，让学生同情每一名残疾儿童。为了达到目的，可以借助书信或其他形式经常搞联谊活动，互相展示特长，互相赠送礼品，和他们建立深厚感情，从而感觉到"其实残疾儿童也很可爱"，由爱生怜，最终以关爱的眼光投向他们。

另外，还可开展"你的痛我知道"等活动，通过活动让学生感受病人的痛苦，并且作出相应的关怀行动。比如，轻步行走、小声说话、嘘寒问暖、讲笑话解解闷或者削水果、递水送药等。邻居有人生病，当爸爸妈妈去探望时，学会请爸爸妈妈代为问候。

引导尖子生乐于助人

教师要让尖子生知道自己是幸福的，可是还有很多不幸的人需要我们的帮助。为此，可以设计一个"爱心倡议"活动，让每一位学生都奉献一份爱心。《爱心倡议书》中可以这样写：当你们在爸爸妈妈温暖怀抱里撒娇的时候，当你们在爷爷奶奶面前被万般宠爱的时候，当你们穿上一件漂亮的衣服、开启一本引人入胜的图书、享受着生活带给你们幸福的时候，你们是否会想到，并非所有的孩子生来都有快乐童年！同在一片蓝天下，有一些孩子从小得不到父母的关爱，得不到家庭的呵护。为了这些生活在困境中的孩子能够有学上、有书读，也为了那些尽管身体有残疾，但是仍然坚强地生活着的孩子，能够和你们一样健康快乐地成长，请你们伸出热情的双手，敞开友爱的胸怀，奉上一颗关爱的心。你们会看到，你的慷慨可能改变了他们的生存环境，甚至可能改变他

的一生……

在此期间，还可以让尖子生到贫困地区去实地感受，或到贫困学生家中生活一段时间，让其亲身体验什么才是艰苦，从而真正萌发同情心。

引导尖子生爱护生命

教师可以这样告诉学生：小猫小狗、小花小草和人一样，是有生命的，都是地球大家庭中的一员。因此，我们不要去采摘花草，虐杀小动物。我们还要爱惜布娃娃和动物玩具，不乱丢乱摔动物玩具。

可以允许学生在家喂养小狗、小猫、小兔、小金鱼等小动物，并让学生在亲自照料小动物的过程中，学会照顾弱小的生命；在学校里也可以饲养各种小动物，由学生轮流负责喂养；在社会上，可以鼓励学生利用自己积蓄的零花钱来"领养"动物园里的动物，或捐款拯救受伤和濒临灭绝的动物。同时，要引导学生广泛调查，寻找那些最需要保护的花草树木的"家庭地址"，然后建立绿色小档案，设计一块精美的领养牌，开始领养行动，让学生把它们当作自己的"宝宝"，精心呵护……

培养学生对动植物的这种仁爱之心，有助于他们同情心的形成。

对于进行以上活动过程中表现出来的好人好事，教师一定要及时予以肯定，使学生的同情心在肯定与激励中日益稳固并逐渐得到加强。

培养尖子生的宽容心

小强是学校里的尖子生，每门功课都非常优秀，在家中被当作月亮一样捧着，家里什么事都"顺"着他。因此，他养成了以自我为中心的性格，从小受不得半点委屈，常常为了一些芝麻绿豆大的事和同学翻脸，甚至还找机会"报复"。小强的这种个性妨碍了他和同学们的正常交往。

像小强这样缺乏宽容心的尖子生还有很多。

现实生活中，人们常常遇到别人对不起自己或有损于自己的事情，对此不要耿耿于怀，不要过分计较在意，能够笑一笑就过去，这就是宽容。宽容是人的一种美德，是做人的一种风度和境界。宽容能使人性情和顺，能使心灵有回旋的余地，能使人消除许多无谓的矛盾，化干戈为玉帛。宽容的人，时时处处都会受到人们的拥戴，因此他们能够处理好各种人际关系，能够很快地适应各种不同的环境，能够融洽地与人合作，充分实现自己的潜能。

孩子的宽容心是一种非常珍贵的感情，这种感情对于孩子个性的健康发展，尤其是情感的发展，以及对于孩子良好人际关系的建立有着非常重要的意义。富有宽容心的孩子往往心地善良，性情温和，惹人喜爱，受人拥护；而缺乏宽容心的人往往性情怪诞，易走极端，不易为人亲近，因而人际关系紧张。

因此，教孩子学会宽容，不仅是为了孩子今天能处理好同学关系，而且也是为孩子将来的幸福打基础。

那么，该如何培养尖子生的宽容心呢？

用事实说话，让尖子生明白"退一步海阔天空"的道理

事实胜于雄辩。通过事例让尖子生明白这种斤斤计较的性格是要不得的，它不但影响彼此的情绪、感情，甚至还会带来严重的后果。

（1）教师讲述事例，帮助尖子生明辨是非。教师可以通过正反两方面事例，引导尖子生明白在遇到令自己愤怒的事情时，如果头脑发热，一定要"理论"个高低，往往会引发一些鲁莽的举动，常常会有得不偿失的后果。相反，如果能冷静处理，"主宰"自己的情绪，则可能获得转机。

（2）请别的学生"现身说法"。发生在身边的事例往往更能让学生信服。教师可请学生谈谈自己由于冲动、"记仇"带来的情绪上的不快，或"冤冤相报无了时"的痛苦，或"冷静处理"后所获得的惊喜，让他们明白矛盾是可以化解的，宽恕是快乐的源泉。

（3）给学生讲"负荆请罪""郭子仪不记私仇"一类的故事。让学生明白宽容是一种必备的修养。

创设良好的环境，改进教育方式

（1）建议家长创设一个良好的家庭环境。家长既要为孩子营造一个和谐、宽松的家庭环境，又要提倡严而适当的教育方法，并通过正确的言行引导，促使孩子形成良好的个性品质。

（2）教师以身作则，善于控制情绪。教师在平时的言行中要大方、有气度，避免"斤斤计较"的倾向，以坦荡的胸襟、"宰相肚里能撑船"般的肚量感染学生，使学生饱受人格魅力的熏陶。

传授方法，让尖子生学会宽容

（1）教会尖子生主动化解矛盾的方法，为尖子生学会宽容搭建桥梁。很多学生脸皮较薄，即使意识到是自己的错，但为了所谓的"自尊"往往不肯当面认错，从而造成彼此的关系紧张。教师一方面可以告诉学生，勇于承认错误是一种勇敢的行为；另一方面还可以教给学生一些委婉道歉的方法，如写纸条、请别的同学帮忙说声对不起、做件小礼物赔礼等。这样，通过过错方主动认错，为学生学会宽容创设机会。

（2）提议尖子生进行换位思考，学会包容。许多矛盾都是因为学生太在意自我感觉引起的，他们往往在头脑中预设了一些规定，认为别人应该怎么做，不应该怎么做，如果对方违反了规定，就会引起心中的不满，甚至敌视对方。通过换位思考，可以让学生明白：在特定的环境之下，他们头脑中的这些规定可能并不十分合理；对方的一些所作所为可能是一时头脑发热产生的；如果你做错了事，别人一直怀恨在心，你也会很痛苦；等等。使学生学会宽以待人，在接纳朋友的同时，也学会包容朋友的不足。

（3）教给尖子生调节情绪的方法，避免冲动。中小学生的情绪来得快，平息也快，常常如疾风暴雨，当与同伴发生了摩擦，心中有了委屈，往往就会采取一些过激言行。所以，非常有必要教给他们一些调节情绪的方法，让他们能主宰自己的情绪，别太冲动。例如：听音乐缓解情绪；离开现场，转移注意力；写日记、找朋友倾诉；找个偏僻处大喊，宣泄自己的情绪；等等。

创设情境，增强尖子生的容忍能力

"挫折"往往能锻炼一个人的意志，教师可以创设引起学生不满、委屈的情境，以增强学生的容忍能力。例如，小组活动时，每人轮流充当被嘲笑者，其他人可以用各种方法戏弄他，使被嘲笑者生气。如三分钟内被嘲笑者不动声色，就算成功，再换人当被嘲笑者。该活动可以使学生在被嘲笑的练习中，仍能保持自己放松的心情。若能具有这种容忍力，与同学争得面红耳赤甚至大打出手之类的事就不易发生了。应该注意的是，在活动中要求学生在嘲弄他人时，应尊重对方的人格，避免弄假成真。

既"小题大做"又"大题小做"

无论尖子生还是后进生，或者其他普通学生，他们都是未成年人，是心智还不成熟的孩子，而正因为他们都是孩子，对于出现在他们身上的一些萌芽状态的问题需要"小题大做"；也正因为他们是孩子，对有些问题却又需要"大题小做"。需要小题大做的，做好了，孩子可能受益终生；需要大题小做的，做好了，老师、家长省心省力，矛盾迎刃而解。所以，即使是同一事件，该小题大做还是大题小做，也要因人而异，具体情况具体分析。

"小题大做"

需要大做的小题都是人格、道德、意志品质方面的，而一个孩子在成长阶段的道德、品行无小事，教孩子做人就是从日常点滴小事做起，纠正孩子的偏差就在萌芽初现时。

我们来看几个教育案例。

案例一：

这是发生在我少年时代的一件"小"事，四十多年过去了，至今难以忘怀，并对曾经教导我的李老师心存感激。

从上小学一年级开始，我就是老师眼里的好学生，父母及邻居眼里的好孩子，所以二年级加入少先队戴上红领巾，就开始担任小干部，小队长、中队长、大队长，直至小学毕业，全是在表扬声中长大的。不知不觉中，自以为是、沾沾自喜等不良心态开始滋生，但自己却浑然不知。在六年级的一次全年级家长会上，我受了一次意外的"打击"，也就此幡然悔悟。当时由于是毕业年级，学校召开有关升学和报志愿的家长会，总辅导员李老师带领我们几名少先队大队干部做服务工作。我们小学的校园是里外院，家长们在里院听校长讲话时，我们这些小干部们就在外院休息等候。突然，一个男生匆忙跑进校园，向李老师说明家里有急事，需要进去找一下妈妈，还没等李老师表态，我随口就来了一句："不行，连我们都不能进去！"语气中还特别加重了"我们"两个字。李老师先安排那位同学进去找家长，然后转向我："你刚才的口气可有问题，你说的我们是谁啊？你们比其他同学有什么特殊吗？"好难为情啊！我脸红了。接着，李老师的口气和态度都明显缓和了下来，给我讲了身为学生干部与其他同学唯一的不同之处，就是各方面要比同学们做得好，其他特权一律不存在。最后还特别嘱咐了我一句："快毕业了，考上个好中学，同学们才会从心里佩服你！"其实我当时是很尴尬的，心里很不舒服，因为挨批评对我来说毕竟太稀少了。但就是这一次难得的刺激，一方面让我意识到了自己的狂妄自大，从此学会了自敛；另一方面也激发了我更强烈的争强好胜意识，因为在同学们中，尤其在众多的学生干部中，我的学习成绩还不是最优秀的，我有许多竞争对手。由于这以后的勤奋努力，小学毕业时，我以全年级第一名的成绩考上了重点中学北京三中。

这么多年过去了，无数的事情都已经淡忘了，可是这件事我却始终记忆犹新。戴着一副白色眼镜，教我们体育兼任大队辅导员的李老师依旧让我印象深刻，因为他曾经为我的一句话而"小题大做"，帮助我重新认识了自我。

案例二：

王龙是一个学习十分优秀的学生，但是由于家庭教育的不当，在他身上表现出来一些十分明显的弱点和缺陷，尤为突出的就是自私：只顾自己学习，不考虑集体或他人的利益。比如，上学迟到就是一个大问题，老师做了大量的说服教育工作，效果都不明显，导致集体荣誉一再受到影响。而他的妈妈却还有意把闹钟调慢15分钟，让孩子用迟到来换取早晨多睡那一小会儿。至于帮助同学、关心集体等几乎与他不搭界，尽管学习成绩很好，但我很为他的品行忧心。

一天，我走在学校的楼道里，突然一阵眩晕，身不由己地趔趄了一下，正巧王龙从此经过，他听到动静回过身来，关切地问了我一句："关老师，您怎么了？您没事吧？"我稍稍镇定了一下，告诉他："没什么事了，谢谢你。"我谢他什么呢？谢他对我的这一声问候，谢他在紧急时刻心中对他人的那一份关爱。回到办公室，再想想刚才的那一幕，我决定小题大做一下，给他一点刺激与提示。于是我立即动笔给王龙写了一封简短的信，原文如下
王龙：

谢谢你！

刚刚过去的课间十分钟，你的一句问候让我十分感动。

因为高二同学在考试，我怕咱们年级同学大声喧哗对参加考试的同学有影响，所以下课铃一响，我就开始在楼道里巡视。由于身体不适，我突然间一阵眩晕，瞬间趔趄了一下，也就两三秒钟，这一镜头却被你捕捉到了。你稍微犹豫了一下，怯生生地问我："关老师，您怎么了？"那一刻，我好感动，好感动。

一句简短的问候，表达了你对老师的关心，也说明你心中有他人，你对他人的付出，会换来别人对你的喜爱和尊敬的！

再一次谢谢你！

你的大朋友

关老师

也许有人会说，不就是一句话吗，用得着这么小题大做？我认为这得因人而异。在王龙和他的妈妈看来，学习成绩、学习时间、学习方法等，凡与成绩有关的事都是大事，而集体利益、他人感受等做人方面的事不仅是小事，似乎在他的意识中就没有这种概念。尽管他的学习优秀得到了老师和同学们的赞赏，但在我心中总有一种很深的遗憾让我非常不舒服或者说不甘心，那就是他在"做人"方面正确理念的缺失，更直接点说就是"自私"。作为一名教师，我把这事看得很大，因此在学校日常的教育活动中，总是尽力去引导他增强集体观念，给他创造为同学、为集体服务的机会，希望他成为一个"不仅只读圣贤书，而且心中有他人"的更加优秀的好学生。也就是在这种思想指导下，当学生下意识的、不带有表演性的一句问候传递给教师时，教师非但不能无动于衷，而且应该给予他积极的回应与肯定，让他在记忆中留有痕迹，让他体验助人后的快感，让他知道成就感不仅仅来源于好的学习成绩。总之，一件小事被教师放大了，我想，对王龙的成长是大有益处的吧！

案例三：

今天，生活在大都市里的学生，绝大多数可以说条件优越，生活无忧，吃穿不愁，物质上家长都尽可能地给予满足。可是手里零花钱充裕的孩子们，还是要结伴站在街边小摊小贩那里，什么雪糕、饮料、麻辣烫、肉夹馍，吃得津津有味，下午放学后简直成了街头一景。孩子们花钱买零食，或充饥或解馋，本无需指责，我只是经常提醒他们要注意卫生。可是有一天，一位卖肉夹馍的小贩找上门来，说我们班有个别学生有赊账现象时，真让我恼怒不已。一个14岁的孩子，还是全校的尖子生，因为嘴馋，居然可以向摊主赊账。虽然仅仅是2元钱，看起来事不大，但我认为这种行为中有品格的缺憾和尊严的遗失，若不加以及时的约束或规范，任其发展下去后患无穷，甚至有可能毁了这个孩子的一生。于是我分三步做了处理：一是严厉批评，让她意识到问题的严重性；二是讲明道理，让她明白我为什么如此看重这件事，这种行为导致的后果与影响；三是我亲自陪她去还钱，亲自去给摊主赔礼道歉。事后的结果达到了我预期的目的，犯错误的学生在道德意识上有所提高。看似小事一桩，但事关品质，必须小题大做。

可能是出于职业习惯，我在日常生活中及外出活动时特别爱观察一些与教育有关的现象，并及时记录下来，我把它们称为"道听途说"。在我的"道听途说"集中，不乏一些不经意间的"小事"，而我之所以关注并记录下这些事件，就因为我认为小事不小，应该放大去认识。

案例四：

一位妈妈骑车带着孩子在上学的路上，孩子问："老师要问我，我怎么说呀？"妈妈很不耐烦地回答："我不是教给你了吗？你就说我带你看病去了！"听到这话，我留意了一下坐在妈妈背后的孩子，大约二三年级的样子。我为这位母亲悲哀，因为她显然是在教孩子向老师撒谎，而这种谎言对家长来说似乎根本不以为然，更意识不到自己在教唆孩子犯品质上的错误。可是对于未成年的孩子，长此以往却埋下了危险的隐患——这能说是小事吗？

308路公共汽车上，我站在一对坐着的母子身边，妈妈很年轻，孩子也就五六岁的样子。看见花白头发的我，售票员对这位妈妈说："你买的是一张票，就不要占两个座位了，抱起孩子让人家坐一会儿。"妈妈一边搂孩子，一边不高兴地说："我让他起来，他不干！"我注视着这位母亲，心里很不舒服，并不是因为没给我让座，而是为这位母亲感到难过。且不说她对孩子的教育与引导不利，就她个人的表现而言，就没有给孩子做出好的榜样。如果每一位年轻的爸爸妈妈在教育孩子的同时能够用自已的行动为孩子做出表率，何愁孩子不学习和模仿，优秀的品质不正来源于此吗？

总而言之，做人方面、道德领域无小事。点点滴滴、蛛丝马迹，只要涉及孩子的人格培养和品质形成，都有必要小题大做。

"大题小做"

人的一生都有犯错误的经历，青少年更是在不断地犯错误和改正错误的过程中逐渐长大的，尖子生也不例外。而在他们这个年龄段内，其实有许多应该是允许的甚至是正常的错误，因为他们毕竟未成年，思维、心智等都还不成熟，判断力、约束力、表现力等都相对比较差，所以有些成长中的麻烦总让老师大为恼火，觉得问题相当严重，尤其他们在学校里的一些"不良"表现，牵扯了老师很大的精力，恨不能帮他们一一纠正过来，让自己的学生成为完人。这样的愿望与心情每一个老师都会有，我当然也不例外。可是经过多年的磨砺与思索，我得出了这样的结论：在青少年身上表现出来的一些问题，一无关道德品质，二未超出这个年龄允许的范围，就无需小题大做，反而应该大题小做，化解矛盾而不激化矛盾，也许会产生更佳的效果。

我们再来看下面几个案例。

案例一：

中学生早恋现象似乎已经成为社会一大顽疾，令老师们头疼不已，家长们忧心忡忡，而且都保持着高度的警惕。学生上课传递的纸条，孩子在家接的电话，都可以让老师和家长在蛛丝马迹中捕捉到这早到的"恋情"，甚至到了草木皆兵的程度。由于这根敏感的神经绷得太紧，有时难免把问题扩大化，造成一场虚惊，以致引起孩子的反感与对立。

我校一位年轻班主任有一天忧心忡忡、神情紧张地专门跑到三楼来找我，劈头就是一句："韩老师，您看这可怎么办呀？"随后从手掌心里拿出一个小小的小纸卷儿，是学生传递过程中不慎落入老师手中的，里面就一句话：×××，我特佩服你，所以这次手风琴表演我选了你。这是一个学习很好的女孩写给班里一个很优秀的男生的。这有什么好紧张的呢？老师干嘛非要把这句话的意思引申呢？我当时给班主任的建议有两点：一是不予理睬，当做什么也不知道，把事情淡化；二是安抚一下那位心中忐忑不安的女孩子（但绝不是批评）："咱班×××确实很优秀，不只你一个人佩服，同学们都很佩服他。光是佩服还不够，应该向人家学习，你这种上课传纸条的做法，会引起他对你的反感。"过后的事实证明，什么也没有发生，相安无事，不过是老师的一场虚惊。

像这种可大可小的事情，就要从它的后果去考虑处理方法，大题小做可能效果更好些。

案例二：

"张老师，今天我们班一个女生骂我，我决不能轻饶她！"了解了事情的原委后，我问年轻的王老师："你怎么处理的？""跟她谈了，也通知她的家长了。您说我下一步该怎么处理她？""还需要下一步吗？我建议到此为止，像对待其他同学一样，一如既往地对待她。"我为什么要给王老师这样的建议呢？第一，我知道这个女孩子虽然成绩很好，但性格孤僻，心理状态不佳，继续抓住不放很可能会适得其反；第二，作为班主任，如果本班学生对科任老师顶撞甚至辱骂，那一定要做好处理和善后工作，该批评就批评，该道歉就道歉，绝不姑息，因为这是在教学生做人，班主任责无旁贷。可是当事情发生在班主任自己与本班学生之间时，就需要有意识的大题小做，多些谅解，多些宽容，切不可耿耿于怀，更不能穷追猛打，否则就会给学生留下了小肚鸡肠、不够大度的感觉，反而增加学生的抵触情绪，为今后师生关系的和谐，为班级工作的管理留下隐患。

相对小题大做来说，作为老师，面对未成年的孩子，需要大题小做的事可能会更多一些，因为他们毕竟未成年，毕竟是孩子。曾听一位年轻老师讲述了这样一件事情：在语文课上，老师讲《夏》这篇课文，让同学们捕述夏天的景色，一位语文成绩原本很冒尖的女孩子却说："夏天有蚊子。"老师心里已经很不舒服了，追问了一句："让你用相机去捕捉夏天的景色，你照什么？""我就照那一团团蚊子。"老师怒不可遏，气愤之下请来了这个学生的家长。这么一句话有那么严重吗？又不是家长让她这么说的，请家长的意义何在？首先，这个学生未必就是成心捣乱，所以完全没必要跟她较劲；其次，她的话已出口，肯定引起同学们的哄笑，老师这时候应当以平和的心态稳住课堂秩序，不以为然，大事化小，本无大碍。当然，更高明的办法就是老师巧妙、策略地引导，把她跑偏了的思路引回到正确的轨道上来，这样的老师才会博得同学们的敬佩。

还有，小学高年级和初中阶段的男孩子们，由于一些小摩擦而付诸武力解决的事时有发生，班主任老师经常会接到"×××和×××打起来了"的报告，也就经常需要当"法官"进行评理和断案，而一般的程序不外乎是：先听双方讲明自己打架的理由（当然都是强调自己有理）——老师分析、评理、找旁证——一人挨顿批评甚至还得请家长。这个过程有时候纠缠个没完没了，好像不给两个学生分出个对错高低来，就不能显示老师的公平。可是事情的结果往往是，老师还在劳神费力地劝架，两个学生早已不计前嫌又在一起嬉笑打闹了。经过若干次这种解决问题的实践以后，我逐渐悟出：孩子之间的"战争"，只要没有根本的利害冲突，只要不是原则性的品质问题，完全可以"大题小做"，用轻松的方法化解矛盾。

两个打得不可开交的男孩被同学们硬拉来找我来评理，同学们觉得这事可大了，老师非得发火骂人不可，而我却笑嘻嘻地数落他们："有什么了不起的事啊？太没男子汉风度了吧？我真看不起你们，等我忙完同学们的事再处理——"先冷着他们，让他们的心先静下来，我私下简单了解情况后，把解决问题的主动权交到他们自己手里："这么点鸡毛蒜皮的小事闹成这样，给集体脸上抹黑，我都替你们俩脸红，怎么样，能握手言和吗？"一般来说，到此两个人都会觉得不好意思了，我再安抚几句："男孩子，闹闹矛盾，打个架挺正常，都不许记仇，谁要是小心眼儿可让同学笑话啊！去吧，还是好同学，继续玩儿去吧。"整个处理过程也就是十几分钟，学生很快释然，老师也没动气，更不用惊动家长，省时省力省心，何乐而不为呢？这种大事化小、小事化了的做法，也算是老师们自我解放，不给自己找累的一招吧！

总之，"小题大做"还是"大题小做"，要用辩证法的观点来看，这样才能收到良好的教育效果。

对尖子生如此，其他学生亦然。

第四章

关注尖子生的心理问题

很多尖子生存在的问题，不仅是道德品质问题，而且更多的是心理问题。"心病还需心药治"，我们要找准问题产生的根源，正视现实，冷静对待；在适当的时候给予真诚的鼓励，使他们保持心理平衡，保持昂扬斗志。培养他们的受挫能力，使学生摆脱不良心理的影响，从而促进学生的健康成长。

尖子生的心理问题更让人担忧

从报纸上看到这样一篇报道：

省级示范高中一名成绩优异的高三学生在距离高考不到八个月的一个夜晚轻生了！

就是这个学生，2003年，曾经以中考全县第二名的好成绩进入省级示范高中，成为该校理科重点班最优秀的学生之一，并在后来的考试中始终位居年级的前两名。在家长眼中，他是全家人的骄傲；在老师眼里，他是品学兼优的学生；在同学眼中，他是令人羡慕效仿的对象。然而，他却选择了死亡！

他走了，却给他人留下了太多的遗憾、震惊、感叹及反思。

社会上关于该生的轻生原因有多种说法：有人认为他可能是受到同学的侮辱；有人认为他承受不了学习的压力；也有人认为他性格内向、患有心理疾病……

看了这篇报道，我感到心情十分沉重。究竟是什么原因让一个原本朝气蓬勃的少年选择了死亡，让一朵本该盛开的生命之花过早地凋谢了呢？很重要的一个方面，便是这个学生的心理素质不过关，太脆弱。

通常人们会认为，如果一个学生的学习成绩很优秀，他就应该在各个方面都很优秀，不应该有什么心理问题。但是，在我从事青少年心理健康教育工作十几年的经历中，在与优秀学生的长期接触，包括心理测验、日常观察、访谈及心理咨询中发现，在这些尖子生中，有很多人的心理并不健全，40%～60%的尖子生不同程度地存在"优秀学生心理综合征"

特征，其中女生比例更高。优秀学生的心理问题并不比一般学生少，在一定的阶段或者情景下，甚至表现得更严重，只是在内容与外在的表现方式上，二者是有一定区别的。

再看下面这个案例：

"当我的同学正在埋首为自己的目标而努力学习时，我却为如何能像正常人一样学习而备受煎熬……"这是一年前，小阳写在日记里的一句话。小阳是一名初二女生，她从小成绩非常好，钢琴、跳舞、唱歌样样在行，一直生活在一片赞美声中。

2003年的一堂语文课上，老师叫她起来背一段课文，小阳背得断断续续，被老师罚站了一会儿。这次打击，让一直心高气傲的小阳难以接受。此后，她一遇到背课文，就特别紧张，脑子一片空白，记不住内容，久而久之出现了强迫症倾向，如头痛、腹泻、肚子痛、手脚痉挛等症状。家长曾为其做心电图、头颅CT、头颅核磁共振等多项检查，均未发现明显异常。在无奈之下，她曾经几度休学去上海医治。

不过，最近小阳却心情不错，症状有所减轻，成绩也开始回升了。"我现在差不多可以像正常的同学一样学习了。这可得归功于我的老师和同学，他们对我可好了。比如，以前我会觉得上课回答不出问题很丢脸，同学会嘲笑我，但现在我很信任同学们，知道他们不会笑我。还有，以前我会尽量在老师面前展现自己的优点，可现在，我会将自己遇到的烦心事跟老师聊聊，她总会很耐心地听我讲述我的烦恼……"

事实上，相比普通学生，尖子生往往追求完美，对自己期望和要求过高。稍有一点事情做得不好，就会惴惴不安，严重的甚至出现强迫症症状。尖子生在学校与家里总会受到表扬，习惯了别人的夸赞，一旦遇到小小的挫折，就难以承受。另外，一些学校仍将"成绩好"作为优秀学生的标准，这个评价很不科学，也使一部分尖子生对自己产生了不切实际的认识和要求，总想做到任何方面都很优秀，这就给他们自身增加了超负荷的心理负担，以致被心理专家称为"一群需要特别关注的特殊人群"。

因此，在为尖子生打造一个安全、快乐、美好的校园环境的同时，应该时刻关注尖子生的心理问题。与提高学生成绩相比较，为其营造健康、快乐的心理，是我们为师者更重大的责任。

正视现实，冷静应对

在学校教育中，贫困生的心理健康普遍受到人们的关注，而尖子生的心理健康教育问题却被大多数教师和教育研究者忽视了。作为学校中备受呵护的特殊群体，尖子生被同学羡慕，受老师宠爱，可是有些尖子生由于心理上的问题而导致思想品行滑坡、学习成绩下降。

我们来看下面这个案例：

我班的尖子生大都是来自各市、县的优秀学生，他们在初中时就是教师眼中的宠儿。进入高中后，众多尖子生聚集在一起，没有了当初的优越感，导致心理失落，有的还想退学。不少尖子生为了保持优异的成绩，把时间和精力都投入学习，与群体之间难以交流，生活空间变得异常狭窄。因此，他们很难找到生活、学习的乐趣，心理压力较大。部分尖子生给自己定的目标过高，希望什么都超过别人，唯我独尊，听不进教师、同学、家长的批评和劝说，看不到自己的缺点和错误，一旦受挫，常常产生沉重的失败感且难以摆脱。一些尖子生担任着班干部的职务，有一定的处理班内事物的权利，可是他们在行使权利的时候，因为方式有不当之处，与同学产生矛盾，造成心理负担。

如何解决这些尖子生心理上的问题呢？

（1）要正视现实。学科教师和班主任应向学校领导具体汇报，以求得校领导、心理辅导员的帮助。同时，还应当让学生家长参与其中，双方配合。解决学生的心理问题，不是一蹴而就的事，在没有很好的解决办法时，就要努力避免这些心理问题往更糟的方向发展。

（2）要对症下药。教师要针对不同尖子生的心理问题，设计相关的解决方案，做好个别辅导，及时给予帮助。

开展各种有益的活动也是解决尖子生心理问题的一种方法，教师要创造条件，多组织一些健康、新颖的活动，用以满足不同学生的心理需求，通过正确的舆论导向和优良的班风，解决其心理问题。因此，教师要动员尖子生积极参与，在活动中一展身手释放自己的压力。

有个尖子生从不与同学交往，性格很孤僻。班主任通过其他的渠道了解到这个学生口琴吹得很好，就授意班干部在班会活动时给该生一次机会。在学生的掌声中，他流下了喜悦的泪水。该生自信心不断增强，逐渐融入同学中间，后来还在学校举办的活动中获了奖。

对当班干部的尖子生，教师要当好指导员的角色，教给他们一些管理方法，随时指出他们工作中的失误。同时，要让这些尖子生换位思考，意识到和其他同学没有高下之分，应该以平等的心态来参与班级事务，为同学服务。做到了这些，自然会得到同学们的尊重。

（3）举办心理讲座。教师除要加强学习外，还要配合心理辅导，举办各种各样的心理讲座，帮助尖子生建立心理防卫机制，增强尖子生的心理适应能力。

一名学生的父母对他寄予了很大的希望，为了不让父母失望，他给自己定下目标，每次考试都要考第一名。于是，他拼命地学习，可是一次考试失误，对他打击很大，使他变得有点敏感。后来，班主任联合他的家长，陪同他参加学校举办的教育期望心理讲座，开导他有一个高目标是对的，但必须结合自己的实际情况，不能因为受挫就认为自己不行。在教师的鼓励下，他很快便振作起来，改变学习策略，摆脱了心理负担。

还需提醒的是，尖子生的心理问题不是一下子产生的，有一个较长的演变过程。因此，在解决这个问题时，不能一蹴而就，需要一点耐心。如果少了这份耐心，急于求成，就可能错过解决问题的良好契机。

总之，面对尖子生的心理问题，只要我们正视现实、冷静应对，就一定能培养出学业优秀、心理健康的尖子生。

适当满足尖子生的心理需求

中国著名的心理咨询师赵建平先生曾经说过这样一件事：

许多做父母的人都有这样的体会：对子女的漠视、指责反过来会增加孩子的自卑感，使孩子破罐子破摔，得过且过，不听话，逆反心理极强，这是一个恶性循环。这种情境不仅发生在家庭教育中，而且也会发生在我们教师日常的教书育人工作中。

曾经有一位家长给我留下很深刻的印象。她是哭着打来咨询电话的，详细描述了孩子在学校里受到的"不公正"待遇：平日里教师频繁指着孩子批评，就连开家长会家长也难逃一劫。事实上，像这样的教师也并不少见。面对教师的不接纳和不尊重，孩子在班集体里全然没有了归属感，更感到自己是这个集体中最没有贡献的人，成就感对这些孩子索然无味。厌学、逃学、迷失、堕落随之而来。在常人看来，"这些孩子算是没救了""教师已无能为力"。

真的无能为力了吗？

当然不是。

专业的心理咨询师都明白，学生的攻击、逆反，主要是由于教师不了解他们的心理需求，没有恰当满足他们的心理需求。学生也是人，也有心理需求，要让孩子养成好的学习习惯，教师就要首先了解孩子的心理需求，多思考孩子成长动力的来源。而根据多年的研究，我发现孩子动力的最大来源就在于他的社会兴趣能否得以实现，社会兴趣与归属感、成就感紧密相连。也就是说，孩子在团体中的归属感、成就感能否得以实现，将是孩子学习动力乃至成长动力的关键。

最早，孩子是在家庭这个小团体中成长的，家长成为满足孩子心理需求的实体。而随着成长，孩子加入学校这样一个大团体，教师有没有满足学生的心理需求则显得尤为重要。在学校里，教师要善于尊重和接纳学生，精心营造一个团体氛围，令学生在其中能感受到强烈的归属感；

同时，教师也需要让学生感受到，在班集体中自己是能够发挥作用的，自己对团体是有贡献的，从而让学生产生积极的心理暗示，产生强烈的成就感。学生内心最深处的心理需求被关注到了，动力将会被有效调动、良性循环起来。

赵先生的话值得我们思索。也许有教师会问："满足了学生的心理需求，使学生产生了快乐的成长动力，学生就可以成为尖子生了？"

当然没有这么简单，但满足学生心理需求仍然是做好教育和培养尖子生的基本前提之一。实际情况是，在满足学生心理需求的基础上，教师还需要了解学生成长各阶段的兴趣，并即时地鼓励与强化。尖子生都表现出"我要学"的精神面貌，然而大部分的学生都不是尖子生，他们所做的一切都需要教师给予持续的鼓励、强化，只有这样才能发生从被动的"要我学"到"我要学"的重大转变。有自信了，成绩就提高了；成绩提高了，许多问题也就解决了。

幼儿时期，教师应懂得培养孩子对事物的兴趣；相比幼儿时期，小学时期的孩子求知欲会逐渐增强，此时教师就应当了解学生的这一特点，不断地强化、启发学生学习的有效性；中学时期的学生，有了自己的理想目标，这时教师应当积极肯定学生对自己理想目标的规划，并不断地鼓励与强化。

除此以外，我们还要特别强调，教师在强化学生的各阶段兴趣、学习、成长动力时，一定要注意双方交流沟通的模式。在沟通时，教师可以适时地应用一些心理咨询的技巧，如情感反应技巧、内容反应技巧等。打个比方，当教师遇到学生有心理困扰时，不要一味地批评其有这个困扰的"不应当性"，而是应多倾听学生对自己内心感受的陈述，并寻找恰当的时机使用情感反应，"你说你的同学在背后议论你，你为此感到非常气愤，是这样吗"？

希望有更多的教师了解学生的心、读懂学生的心，鼓励、强化学生的行为，这是学校教育少一些麻烦和失败，多一些顺利和成功的前提。

失败面前，别给尖子生挖"精神陷阱"

著名教育家魏书生在一篇文章中提到的"精神陷阱"这个名词给我留下了深刻印象。他在文章中提到：

往往有的好学生会在失败的时候给自己挖"精神陷阱"。比如，班上有一个学习尖子生，偶尔一次考试成绩很差，她便愁眉不展地对我说："魏老师，我原来是全年级前5名，这回班级内才考到30名，回家怎么向爸妈交代？"我觉得她已经开始为自己挖"精神陷阱"了，便问她："还有不痛快的事吗？"她说："邻居张阿姨一直对我挺好，听说我考成这样，一定会为我伤心。"后来，她还说，她的对手听说她考成这样，一定会为此高兴，全班同学一定会指手画脚地议论她，别的老师一定会轻视她……这个学生的"精神陷阱"正越挖越深。

看了魏老师所说的"精神陷阱"，我不禁想到，能给自己挖"精神陷阱"的孩子一般是比较优秀的孩子，作为教师和家长有责任帮助这些孩子从精神的痛苦中走出来。但能"自觉"地为自己挖"精神陷阱"的孩子其实是并不多的，普通的孩子在学习上遭遇失败以后往往都能调整好自己的心态，比如我们经常会听到孩子说，班级中的某某同学比我还差呢、我再用功些就不会考这么差了等，这些都是孩子在精神上"保护自己"的一种表现。可每当这时，我们的教师和家长就不这样想了，他们会感到这些孩子不求上进，也会因此想办法教育引导这些孩子应该怎样对待学习中的失败。在众多的教育方式之中，有些教师和家长运用的方法其实是不太科学的。我们不妨来听听这些熟悉的声音是否出自教师和家长之口："就考这么点分数，你知道吗？班级的名次就因为你的成绩而彻底落后了。""你考这么点分数，班级中还有谁看得起你呢？""考那么差，你对得起老师和父母吗？""这样的成绩，我们去亲戚家吃饭的时候，叫爸爸（妈妈）还怎么开口？"……

把这些话和魏书生所列举的那位尖子生挖"精神陷阱"的话对照一

下，我们会发现，这些教师和家长正在帮助孩子学习为自己挖"精神陷阱"呢。这些教师和家长认为，对孩子这样说，能够"警醒"他们，以后就能严格要求自己了，下次就会考出理想的成绩。

这样的方法有效吗？

这样的方法或许真的有效，孩子以后的成绩会因此提高。但长此以往，孩子养成了挖"精神陷阱"的习惯，一旦考试成绩不理想就用这种方法折磨自己，孩子的心理素质就会越来越差。而一个孩子的心理素质其实比学习成绩重要多了。我们曾经看到多少悲剧的发生，不都是孩子心理素质低下所造成的吗？

就是因为他们在遇到失败的时候，已经形成挖"精神陷阱"的习惯，最终因为"精神陷阱"越挖越深，不能自拔而酿成悲剧。因此，当孩子，特别是原本成绩很好的孩子遭遇失败的时候，作为教师和父母，我们决不能用教孩子挖"精神陷阱"的方式，使孩子精神受到折磨，来帮助孩子提高。正确的方法应该是帮助孩子分析失败的原因，一起想办法纠正以往的不足。"童话大王"郑渊洁说得好，我们对于考试失败的孩子，首先应该在心理上关心他们，因为他们的心理本来就比较黯然了，如果再一味地指责，无疑是在孩子的心理上雪上加霜。郑老师说："对一个孩子来说，还有什么比拥有健康的心理更重要的呢？尤其是孩子的自信，是他们整个人生中最重要的东西。"

因此，当孩子遭遇失败的时候，我们作为教育者，千万不能用挖"精神陷阱"的方式去对待孩子。

扭转尖子生的急功近利倾向

应试教育制度下学生的心理问题已引起了社会的广泛关注。但是否那些被誉为"天之骄子"的尖子生就都拥有积极健康的心理？事实上，有些尖子生离这个标准还是有一定距离的。那么，阻挡在尖子生面前的心理劣势有哪些？为何存在这些心理劣势？它们是如何阻碍尖子生"更上一层楼"的呢？

学习上存在"急功近利"倾向

我国近代著名学者梁启超认为,保持学习兴趣的首要方面是必须"无所为",也就是必须舍弃"急功近利"的目的。他认为,只有对学习过程本身产生浓厚的兴趣,这样兴趣才会持久,也就是应以"钓胜于鱼"的态度对待学习。然而,我们却可以在一些尖子生身上看到这种带有急功近利倾向的学习价值取向。

有位尖子生曾表述过他想努力学习的目的有三个:一是为了能让自己在别的同学面前有高人一等的感觉,能永远高昂着头走路;二是替父母争一口气;三是为了出人头地,以后找个好工作,生活得舒服一点。

不可否认,他的观点带有一定的普遍性,但我还是为他言语中流露出来的学习功利性的一面感到震惊。可我们又不得不承认,一些尖子生在学习的价值取向上是偏向急功近利的。

那么,这种急功近利的价值取向是如何形成的呢?首先,我认为它与中国传统文化中的"学而优则仕""书中自有黄金层,书中自有颜如玉"等功利性的价值取向是不无关系的,其次,还与我国的"应试教育"实质密切相关。

1884年,英国哲学家斯宾塞发表了一篇文章《什么知识最有价值》,他感到这是一切教育的"问题",并对于这样一个形而上学的问题给出了一个物质至上的答案:最有价值的知识是科学。因为科学直接关系我们的自我保存,这是个颇有诱惑力的功利性很强的答案,在他之后的教育就变成了对这一结论的充分实践,而近年来在我国愈演愈烈的应试教育从某种程度上说更是"深得其精髓"。著名学者钱理群曾一针见血地指出:"应试教育的实质便是急功近利。"

如此看来,作为应试教育重要部分的尖子生在学习上存在急功近利的价值取向似乎是无可厚非的了,然而这种价值取向却直接导致他们在学习内容上的"重理轻文"倾向。这一点在高中男生中表现得尤为明显。

这些尖子生认为，人文科学太"虚无缥缈"，不像理科一样具有实用价值，转化为经济效益的可能性也较小，所谓"学好数理化，走遍天下都不怕"。可事实上，能取得较大成就的往往是"博才"，尤其是文理兼通的"博才"。美国某组织曾对1 311名科学家进行连续五年的追踪调查，结果发现，有成就者很少是仅仅精通一门专业的"专才"，而更多的是文理兼通的"博才"。从某种意义上说，缺乏人文科学知识的人才不算是一个健全的人才。著名物理学家钱伟长曾举了两个笑话：一个建筑工程师在施工中把古墓炸掉，一个化工工程师把化石标本当作催化剂来开采。如果"重理轻文"的倾向愈演愈烈，谁又能担保不会再出现类似的"笑话"呢？

急功近利的价值取向，还使这些尖子生难以有远大的理想，只关注自我，付出后要求立即收到回报。这种追求"即刻满足"的生活方式，会导致青少年沉湎于对消费主义和感官文化的追逐，从而放弃对未来理想和永久完善的追求，最终影响青少年的社会化进程，影响国家长足持续的进步和发展。这使我想起了外国一所大学研究生院挂在宿舍墙上的醒目大字："High thinking, low living."。中文意思是"勤奋思考，俭朴生活"。也许，我们的尖子生也应该把这句话当作自己的座右铭之一吧。

眼界较狭隘，比较系统不当

一般来说，一个人要取得成功，首先要立志。在立志的过程中，最重要的一步即为"广其见识"。梁启超认为，立志与知识之间的关系是"互相为果，互相为因，无智识则志愿固无从立，无志愿则智识亦无从增"。所以，"智识与志愿，互为因果，以智识为基础，然后所立之志方真。"他这席话点出了人的眼界、学识与人的立志是有密切关系的，而一个人的胸襟和眼界则主要来源于他所受的人文精神的培养。

《文汇报》2006年曾刊载过一份美国高中生的必读书目，书目中有《麦克白》《伊利亚特》《政治学》《亚里士多德》《共产党宣言》《美国独立宣言》等二十几部"文史哲"经典名著，透过书目，我们可以感受到一种对经典的深情，一种宽广的文化视野与兼收并蓄的气度。我们不难想象，在上面书目的引导下，由人类优秀文化积累所滋养起来的中学生，通过经典感知了世界与人生的广大与深邃，该有怎样的眼界啊！尖子生如果一味"重理轻文"，认为名著就是读不懂也没必要读的书，因而很少读名著的话，他们的眼界会是怎样的呢？"向余年稚……自信聪明，怨无知遇……"这是我国早年一本书上写的有名的格言，形象地揭示了一些尖子生的心理：学习成绩好，在班上领先，就自高自大，看不起别人，一种没有对手、没有朋友的孤独感油然而生，这种眼界显得多么狭隘啊！

眼界越狭隘，他们为自己选取的比较系统就越小，比较系统本身就容易一成不变，总是囿于自己的学校、班级，甚至仅仅是几个人构成的小圈子，这种近距离的比较使他们更多地学习生活在一个"坐井观天"式的相对封闭的系统中。

"唉！这次又是文科没考好。不过，我理科还是很好，仍然是班级第×名——比××同学好多了。"经常可以听到一些学生如是说。

一个人一旦见了海后，就"叹为观止"了，结果就会失去领略"大江日月流"气势的机会，更不用说会理解"逝者如斯夫，不舍昼夜"的意味了。如此眼界使这些尖子生难以有远大的抱负，即使有远大的抱负，在这样相对封闭的比较系统中也将渐淡渐消。如此可以想象，他们又如何能成功地担负起将我国建设成为 21 世纪世界强国的伟大重任呢？

多年以前，德国一所著名学府的校长面对全校学生说：

学自然科学的学生，我为你们而自豪，因为你们是这个时代的列车。人文科学的学生见状低下了头。校长转过头来说，学人文科学的学生，抬起你们的头来，放出你们的眼光，我为你们而衷心骄傲，因为你们是这个时代列车的司机。

在经久不息的掌声中，一代学子深刻地领会了"学"与"用"的形而上学意义。不难想象，一个极其重视人文精神之"学"，拒绝简单的急功近利之"用"的民族，其目光胸襟的远大必有其大用。

成就需要低，学习动机扭曲

中国城市独生子女人格发展课题组曾于 2006 年做过一个抽样调查研究，发现较多的独生子女成就需要低，并且学习动机严重扭曲，60%以上的独生子女在学习中缺乏认识需要，即缺乏重要的内在动力，对学习活动本身不感兴趣。

那么，在尖子生中是否也存在类似的问题呢？答案是肯定的，尤其是那些学习目标带着急功近利倾向的尖子生。对这些尖子生而言，与其说他们对学习本身感兴趣，还不如说他们对好的学习成绩更感兴趣。好的成绩可以使他们"高人一等"，可以"替父母争一口气"，可以"出人头地"，这就是所谓的"钓是为了鱼"。这样的成就目标直接影响了他们的学习动机，最终影响了他们的学业成就。

关于成就目标对青少年成就动机和学业成就影响的研究结果表明，成就目标（任务目标和能力目标）、成就动机（即学习动机）和学业成就三者之间存在着密切关系。上文提到的带有急功近利倾向的成就目标即为能力目标，其重要特征是个人追求成就主要是为了他人或外在因素（如父母、教师、名声、奖励等），动力强度主要来源于他人或外部刺激。曾经不止一次听家长抱怨过，额外的奖励可以刺激学生在一两次大考中取得难得的好成绩，但这成绩却很难持久。很明显，"重赏之下有勇夫"，使这些学生取得好成绩的是那些"额外的奖励"，使好成绩难以持久的也是那些"额外的奖励"。另外，能力目标非常注重社会比较，在学习任务面前总是关心怎样表现自己的才能。

有一名尖子生很喜欢上午一放学就回家做数学作业，吃完饭后就马上赶到学校。据他说，这样他就可以成为整个班级第一个完成数学作业的人了。他喜欢这样的感觉，但这种感觉并没能使他的数学成绩出类拔萃。

总之，学生对这种能力目标的追求会导致外部动机的增强，不利于学生自身内部动机的激发，不利于培养学生学习的自觉性与自主性，即能力目标通过外部动机对学业成就产生消极影响。

相反，任务目标是一种以实现自我价值为重要特征的成就目标，它重视个体的自我努力与自我比较，注意不断地超越自我，有利于内部动机的激发，有利于培养学生学习的自觉性与自主性，重在强调学习过程的重要性，即所谓的"钓胜于鱼"。

有名学生在高考前很明确地表示，他要报考国内一所著名大学的物理系，而且很想学有关理论物理的专业。别人提醒他说，理论物理很枯燥，学起来很苦，并且似乎也不是能带来较好经济效益的热门专业。

"我已经看过很多有关这个专业的书，我喜欢它，想对它进行进一步研究"，他回答道。最终他实现了自己的愿望。

两相对比，两种成就目标孰优孰劣，一目了然。

综上所述，一些尖子生在学习上存在的急功近利倾向极不利于培养浓厚而持久的学习兴趣，并且直接导致了他们严重的"偏科"情况；"重理轻文"又使他们眼界狭隘，总是把自己限定于一个狭小的比较坐标系中；此外，急功近利的能力目标会扭曲他们的学习动机，这三方面最终都将影响他们的学业成就。那么，该如何帮助这些尖子生改变这种现状呢？

当然，最根本的解决办法是改变应试教育的现状。

"急功近利"的实质不改变，应试教育的指挥棒效应仍会发挥作用，对尖子生的负面影响也就很难改变。此外，我们应有意识地引导尖子生"放开眼界"。针对时代发展对教育的更高要求，联合国教科文组织早在1972年就发表了著名报告《学会生存》，由此引发了被称为当代教育发展中"哥白尼革命"的终身教育运动。专家指出，面对世界范围内兴起的终身教育趋势，意在培养21世纪公民的中国教育必须突破学校围墙的窄小藩篱，突破学校教育的狭隘眼界，建立一个"学习化的社会"，使学校教育与家庭、社会教育（尤其是大众传播媒介的"隐性教育"）融为一体。这就要求教师引导学生，尤其是尖子生建立一个足够大的比较系统，将自己放在开放而不是封闭的系统中，真正做到在观念上放眼世界，

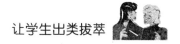

更多地进行远距离比较，使他们不断给自己设置新的目标，不断地迎接新的困难和障碍，从而发展和显示自己的人格。在差距中奋起，正确地评价自己，不断地点燃自己学习的动力之火。

教会尖子生正确应对考试

不可否认，衡量一个学生是否是尖子生，考试成绩是重要的参考标准之一。因此，要培养出更多更好的尖子生，就必须着力提高学生应对考试的心理和技能。

我们来看下面这个案例：

小婷是一个非常单纯可爱的女孩，在全年级中年龄最小，才十六岁。她脸上总是挂着微笑，充满了快乐。小婷还是一个全面发展的学生，她兴趣广泛，文理兼备。高二分科时，她最初选择的是理科，但一个多月后，她感觉自己学习物理不太顺利，于是向教师和学校提出转读文科。学校尊重了她的选择。事实证明，这个选择是正确的。

小婷十分热爱学习，在她看来，学习就是一种乐趣。她的自学能力很强，对知识的接受能力相当快。她转读文科时，历史学科已学完《世界近代现代史》上册。问她是否需要教师课外辅导，她笑眯眯地说不用。我提出让她借同学的笔记对照，进行自学，有疑问就问老师。结果，在后来测试这部分内容时，她第一次就考了年级第一名，文科总成绩在高二也一直是第一名，确实不容易。

小婷在学习上非常主动，经常搜集一些学习资料和习题。她和父亲到书店买资料，但不搞"题海战术"，而是注意通过练习去总结学习方法。

小婷是一个"外松内紧"型的学生，养成了学习的好习惯，能够合理安排学习和休息时间。该学习的时候，她绝不放松，而休息时则尽情地玩。她的兴趣广泛，爱好很多，积极参加课外文体活动。她喜欢乒乓球、听音乐、看电视，每天的《新闻联播》是她必看的，既使她了解了国内外时政，又是一种休息。她还在学校的文艺节上表演节目获过奖，在校报《镜报》上也常常有她的文章。在其他同学看来，小婷是一个十分活泼的学生，课外时间经常可以看到她活跃的身影。正因为她会合理调配时间，有张有弛，才不觉得学习很苦很累。

学校和教师对小婷一直十分关心。从高三开始，就把她作为成为省、市状元的对象进行培养。学校有一个非常好的育人环境，校风、教风、学风都不错，这为学生成绩的提高提供了非常有利的环境。

小婷的成绩一向优秀，每次考试，她总能超出第二名四五十分。对于学生的成绩，我在学期初就印制了一份"自我超越图"，内容包括各科成绩和总成绩的变化状况。通过这个图表，教师、家长和学生就能够全面了解学生的学习变化情况，从而便于"因材施教"。

对于尖子生的培养，我们主要采取"磨尖""治拐"的方式。"磨尖"是对尖子生而言的，就是要使他们各科成绩拔尖；"治拐"主要针对学习一般的学生，也包括存在"拐子"科目的尖子生。对于学生的成绩，每次考试后，各学科教师都认真分析情况，对于存在问题的科目，班主任及学科教师要找其谈话，分析原因，找出解决办法。

小婷的语文有一段时期成绩总不太突出。她对语文的学习也存在一些看法，有时对教师在课堂上讲的东西不愿接受，不愿去记，认为这些东西都没有多大意义。为此，语文教师就耐心做她的工作，使她认识到：尽管现在的高考制度还不够完善，存在一些急需改革的地方，但总的来说，高考是一种选拔考试，高考是一种公平的考试，必须去适应它。小婷欣然地接受了语文教师的建议，此后她按照教师的要求进行复习，终于在高考中取得了好成绩。

心理素质的调整是成功的关键。特别是考试前心理的调整尤为重要。过分紧张和焦虑都不利于取得好成绩。小婷在学习中也曾有过挫折。一次模拟考试，她最拿手的数学考得很不顺利，考完后有同学跟我说，小婷数学没考好，哭了。我马上打电话到她家，让她家长去安慰她、开导她，不要因一门考试失误而影响后面几科考试，甚至影响以后的学习。经过家长和教师的开导，小婷很快放下了思想包袱，及时稳定了情绪，结果成绩出来后，仍是第一名。通过这件事，我鼓励她要自信，要相信自己的实力，只要心态平衡，正常发挥，一定能考好。

在高考前，我们对学生的工作重点之一，就是帮助他们调整心态，排除焦虑，要求他们以平常心对待考试，把平时考试当作高考，把高考当作平时考试，最重要的是要自信，轻装上阵，进入最佳考试状态。在考前，我们还争取家长的配合，要求家长在高考前不要对子女施压，更不要让亲朋好友过多关心他们的成绩。特别是对于小婷等尖子生，在充分征求学校、教师及其本人的意见后，考前一个月，我们给予他们更宽松的环境，允许他们自主选择看书、复习，以免造成浪费时间及思想上的紧张。对教师也提出要求，不要在这段时间对他们提出过多学习上的要求，以免影响学生情绪。我想，正是我们在平时和考前做了一系列的准备工作，小婷在高考中才发挥出了真实水平。

后来，她如大家所愿在高考中成了本省的"状元"。

案例中这位学生能成功，因素有很多，但不可否认的是，这与教师对她考试心理的重视和考试技能的提高是分不开的。

那么，教师该如何指导学生正确应对考试呢？

1. 指导学生在考前要有充分的准备

参加过考试的学生都有体会：一看到考题不难，紧张不安的情绪便会随之减少许多，思维也灵活了。许多学生的焦虑状态是随考试难度的增加而增加的。所以，如果平时注意对知识的积累、掌握，考试前又做系统、科学的总结，对考试能做到"胸有成竹"，考试时焦虑的情绪就会减少、消失。

2. 注意考前的用脑卫生

不少学生平时学习努力不够，考前便临时抱佛脚，加班加点地学习，睡眠、休息的时间减少，而且平时参加的户外活动也取消了，一门心思地想在考前多往脑中灌些东西，结果便是头晕、头痛、失眠、食欲不振随之而来，这样的身体状况如何能应考呢？

人的生理活动都是有一定的节律的，无论是体力、情绪还是智力活动都有自己的生物节律，不仅每月有高潮、低潮，每天也有相应的高潮、低潮。晚上10点以后，人体内的各种功能都处于最低潮，如注意力不易集中、思维惰性增大、记忆力减退，所以考前的适当休息有利于考生保持良好的身体状况，减少焦虑的产生，因为在身体不适、疲倦时容易产生焦虑。

为了避免焦虑的产生，除要保持充足的睡眠、适当的体育锻炼外，保证营养的供给也是很重要的。考试是一种紧张的脑力劳动，消耗的能量比平时多，所以考生应多吃些含蛋白质、维生素等的食物，如肉、鱼、蛋、牛奶、新鲜蔬菜、水果等，以保证有充足的体力。

3. 正确看待考试

考试是对考生所掌握的知识、能力水平的一种测试。在目前升学、就业都需要通过考试来选拔的社会中，考试在学生心目中无疑占据了很重要的位置。比如，他们普遍认为，考不好就不能上好学校、上大学；考不好就不能得到喜欢的工作；考不好以后就没有什么前途。对考试所导致的对未来前途的担心使得考生考试焦虑状态加剧，于是本来会做的题不会做了，该得的分也丢了，前途便真的"黯淡"了。其实，有理智的考生都应知道，考试中想这些问题只会影响考试成绩。所以，指导学生在考试时专心致志地做题，不去想"我会得多少分"结果反而会好一些。

还有的考生将考试分数看得过于重要，认为考试分数不好便是不聪明，结果越紧张越考不好，越考不好越紧张，恶性循环甚至造成考生出现种种身体不适，如头痛、腹痛、腹泻等，以致不能顺利完成考试，这也是不理智的做法。

4. 向消极的自我陈述挑战——自信心是成功的保证

一般而言，自信、个性坚强、乐观的人较少受到考试焦虑的扰乱，而缺乏自信、易受暗示的学生则处理不好焦虑问题，往往不能正常发挥其水平。

容易产生考试焦虑的学生往往会有以下两种行为方式：自我讲述一些消极的事情（或向自己提出一些具有威胁性的问题）；对这些消极的自我陈述做出身体反应。

有考试焦虑心理的考生，一般都在考前复习阶段就不能全力以赴地复习迎考，思绪总为与考试有关的消极因素所困扰，如我肯定考不好了，要是不及格该怎么办？考不好该多丢人，我真是没用，老也考不好，等等。

这些话有时是对别人说的，意在发泄、逃避，但更多是对自己讲的。这些消极的陈述概括起来有以下几种：（1）预料自己在考试中得不到好成绩；（2）过分夸大成绩不好可能出现的消极后果；（3）转移对考试行为的注意力；（4）严厉地进行自我责备；（5）对自己的能力、价值表示怀疑；（6）不相信自己的目标可以达到。

诸如此类消极的陈述，不仅导致考生考前情绪低沉，而且还会引起体内的保护性反应，产生生理上的不适，如头痛、腹泻，更为糟糕的是，这些自我陈述具有"自我实现"效应。即假如某人期待某一事件或结果出现，那么这种期待可能会促进这一事件或结果出现。一位教育专家在视察一所学校时，向班上教师指出他认为班上最有发展前途的几位学生，后来这几位学生果然都很有成就，而事实上专家所指定的学生是随意的，但由于教师对专家的崇拜心理，相信专家的预言，对这些学生的行为有了积极的期待心理，终于这些期待都变成了现实。

同样，如果考生在考试之前便预言自己不会取得好成绩，这种消极的自我暗示便会使考生精神萎靡不振，本来该用于复习的时间却在忧虑、担心考试结果，整日为对考试结果的消极期待导致的忧郁情绪所左右，在这种情绪状态中哪里还会有精神和心思复习功课呢？考试成绩不理想便在情理之中了。而且，考生本人也为自己胡思乱想、不能集中精力学习而感到心烦意乱，于是无意之中便实现了自己的预言，真的"考砸"了。

所以，教师必须想办法避免考生在考前出现这种消极的自我陈述，因为它是考试的大敌。

首先，教会考生留意自己的消极陈述，有许多考生在考前经常会对考试产生消极的期待反应，久而久之对这类消极的自我陈述便习以为常，根本没有意识，于是知道要考试之后便对结果做出消极的期待，消极的期待导致不良的考试成绩，而不良的成绩肯定了考生本人的消极期待，从而也加剧了对下一次考试的消极情绪，如此恶性循环造成学生不健康的应试心理状态。要想解除这种状态，第一步就是要帮助学生觉察自己进行的消极自我陈述。

一般的情绪反应都伴随着一些肌体、肌肉反应，如高兴时手舞足蹈，害怕时手脚发凉、浑身颤抖，所以若在考试之前，考生出现神经性的恶心、面部肌肉僵硬等症状，那便预示着消极自我陈述的开始，这时候只要稍加努力，就能把这些消极的陈述用语言表现出来，如"我肯定考不好""我每次考试都考不好""没有好好复习，到时一定会紧张"，等等。这样就能清楚地意识到自己的问题所在。

接下来要做的就是指导考生向这些消极的自我陈述挑战。考生在明白自己的消极情绪对考试造成的负效应之后，就可努力让自己从这些消极的自我陈述的包围中走出来。例如，对"这次我肯定考不好"之类的陈述，可指导考生自问"我一定考不好吗？""我真的如此糟糕吗？"然后自己否定这些消极态度，"这不是真的，除非我一点也没有准备"，"只要我好好复习了，就不会考坏"，"我的运气不会那么坏"……经过这样的对话练习，便可克服考前出现的消极陈述。

5.放松训练

上面我们已提到，消极的自我陈述往往伴随着一些紧张的身体反应，如胃肠痉挛、腹痛、头痛、脸部肌肉颤抖等，通过一定的科学方法消除这些不良的身体反应也是克服考试焦虑的有效途径，放松训练便是一种很有效的方法。

下面介绍几种简单易行的训练方法，以供教师在指导考生时参考。

意守丹田法。这是我国古代流传下来的自我放松方法。考前若感觉自己有焦虑、紧张情绪，可先尽量排除一切杂念，静下心来，什么也不想，把注意力集中到下丹田（脐下一寸处），想象丹田中有一股气，再想象这股气由腹部上升到胸部，再上升到头部，直至头顶，然后再想象这股气顺着脖子、脊梁下降，回到丹田。这样一升一降，周而复始地进行，就能消除心中的杂念，收到消除紧张情绪的效果。可能开始做时不能做到心中毫无杂念，总会有所思虑，不能将注意力全集中在丹田处，这时千万不能着急，越是着急就越是进不了心静神宁的境地。只要持之以恒地练习，经过一段时间就能收到效果。采用意守丹田法能很快排除杂念和不良情绪，获得宁静的心态。

秒钟健康法。这是西方心理学家凯斯门罗提倡的一种自我放松方法，它所需的时间极短，做法又极其容易。具体的做法是：抓住一点点空余时间，什么也不要想，只要记住收缩腹部，收拢下巴，扭动身子，打哈欠。连续地做以上几个动作，就能收到自我放松的效果。

悬垂松弛法。这种自我放松的方法很简单，可找一个小的重物（如小铁锤、小钢块、小铁球、铜钥匙），用一根 0.3 米左右的细绳把它系牢，然后捏住细绳的另一端，小重物便呈悬垂状态。待它静止不动时，手不要动，在脑中想象小重物在画圈：开始时按顺时针方向画小圈，然后渐渐画大圈。待小重物在意念引导下真正顺时针方向运动起来后，再改变想象，让小重物做逆时针方向的画圈运动，直至意念成功为止。这种自我松弛法能收到松弛身心、消除紧张的心理奇效。它简便易行，人人都能做到，即使头一两次不会，多练几次一定能奏效，只须集中注意力，排除一切杂念即可成功。

帮助尖子生理性面对考试失误

有位教师讲过这样一个故事：

我的数学课代表是一个很优秀的学生，成绩也特别优异。可这次数学却只考了个及格分，严重地影响了他在年级的排名，他本人针对自己的考试失误，在给我的总结中做了如下分析。

"大江东去，浪淘尽，千古风流人物"。虽然，这次的数学考到了我的最低分，但我不会有太多的失落感。反而通过这次考试，比较彻底地暴露出了我的诸多方面的不足，也进一步明确了失误的原因，应该说是一件好事。但愿能够在以后养精蓄锐、厚积薄发，真正展示自己应有的数学水平。失误原因大致有以下几点。

首先，我对数学有种畏惧感。可能是初中时数学不太好，进入高一时，我先是放弃，下学期才开始努力。到了高二，我选择了当数学课代表，来抑制甚至消除自己心中的不快。那时我很努力，曾考出了年级的高分，建立了我的自信。但后来，进入高三复习后。复习高一内容觉得有些吃力，一次次考试消磨着我的意志。成绩还没有明显下降时，您可能没有发觉，这次是彻底暴露给您看了。

其次，粗心的毛病始终萦绕着我。您说的"会而不对，对而不全"成了我的标签。其实，我早就注意到了自己的这个缺点，也在努力改正，保证了平时作业的独立性、准确性和速度，可是我可能不够努力，还没有完全克服。但我还是希望自己尽快养成一种治学严谨的态度。

再次，我对数学重点问题、热点问题和自己的薄弱环节研究得不够，有时不能透过数学运算的表面，看到数理的演绎逻辑本质，关于这一点，我想咨询一下您，请指导。

最后，我对知识、方法和技巧掌握不全、不活。这点我知道怎么办了，今后我要常常及时去复习，战胜遗忘，领会知识，综合分析，灵活应用，争取考好。

另外，我想悄悄地告诉您：我有时还是很懒散，也有没有激情的时候，可能持续时间长了些。但我以后不会这样放纵自己了，我会严格要求自己，一定争取恢复原来的状态。

经过这次月考，我明白了：理想不是现成的粮食，而是一粒种子，需要我去播种和培育；理想不是壮美的誓言，而是一张白纸，需要我去描绘和渲染；理想不是葱郁的绿洲，而是一片处女地，需要我去开垦和改造。

也许，是因为教师对尖子生太放心了，所以他们往往容易把一切失败理解成偶然的失误。面对案例中尖子生考试失误的理性分析，我们师生都需要反思。那么，作为教师，我们应该如何引导学生正确对待考试失误呢？下面一些建议值得关注。

1. 教育尖子生要"大气"

也许，随着复习内容的增多，我们不可能通过第一轮复习就能够解决所有的知识问题，能力一次性达到考试要求，偶然的失误是正常的，只要能够对出现的问题及时解决，就不必过分纠缠，无谓地消耗时间、增添烦恼。所谓"大气"不仅要自信，要理智，要有激情，更重要的是要有谋略。只有这样，才可能树立必胜的信心，克服因情绪和心理影响考试的负面因素。

2. 夯实基本功是首要任务

也许基本的知识和方法对尖子生不是难题，但一定要精益求精，考试时数学前 16 个题目争取在 30 分钟做完，并且争取不错，前三个基础题目一定要在 30 分钟内搞定。这些多数是中、低档题目，不能轻视，力求完善，也是获得高分的前提。

3. 整理易错点，提高准确性

在复习过程中，由于知识和方法本身的独特性，存在着一些容易犯的低级错误。考试题目中会存在一些陷阱。人们不是常说"聪明人不犯相同的错误"吗？要杜绝这些错误和跳出这些陷阱，就要学会不断反复、及时校正，领会命题意思、解决解题过程的障碍。只有知识全面、方法熟练，才能在考试时展示出应有的水平和实力。

4. 提升处理综合问题的能力

得高分的关键是不仅要克服"会而不对，对而不全"，还要要求自己在知识和能力方面更上一个层次；不仅要广泛涉猎高考命题、重点问题、热点问题、交汇点的综合问题，还要加强做题后的总结与反思，形成解决问题的一般方法和基本技巧。

5. 善于与教师、同学合作

不要把同学当作假想的敌人。也许你在为同学讲解题目时，会发现自己不专业、不全面的地方，这就是自己的收获。同学之间要资源共享，共同去解开一些好题的过程不仅有益于知识增长，也有利于身心健康。平时有很久也解决不了的困难，不要自己硬撑，一定要找教师帮助，善于获得教师的帮助也是一种能力。

锻炼尖子生的耐挫力

在办公室，虽然经常听到教师对那些"好学生"的赞叹：×××，多聪明可爱；×× 从不让老师费心。但同样也能发现这些教师共同的焦虑：这些"好学生"经不起半点的批评和指责，不管他是否有错，好像你都得进行一番夸奖，都要对他另眼相看。然而，生活中哪能一帆风顺呢？更何况，未来的社会是一个竞争的社会、挑战的时代，而他们能成为伟大事业的接班人吗？

毫无疑问，尖子生是班级中学习成绩的佼佼者，是家长眼中的宝贝，是教师心目中的好学生，也是其他孩子羡慕的对象。于是，太多的表扬、荣誉让他们有了一种高高在上的感觉。但是，这也往往造成了他们心理的脆弱，一旦他们的目标、需要和行为受到某种挫折时，情绪更容易消沉低落，甚至与学校、教师消极对抗，因此我们要重视对尖子生耐挫力的培养。

分析起来，生理、心理素质的影响是造成尖子生耐挫力低的原因之一。特别是小学生，情感稳定性较差，不善于控制自己，喜怒哀乐形于色，一遇挫折便情绪低落、垂头丧气，个别学生甚至会走极端道路。

小婧是某校五年级的一名学生，她平时成绩不错，又是班上的干部，同学、教师都很喜欢她。但是就有一点，她一遇到诸如期末考试等稍微重要的考试就表现出特别紧张的情绪，结果发挥失常。一考完试就会迫不及待地去教师那儿问成绩，对成绩特别在乎，如果听到的结果不如意，就会显得非常难过，甚至掉眼泪，或者急切地打听和她玩得比较好、平时成绩也不错的同学的成绩，总要通过对比来获得一些慰藉。

其实，这就是尖子生自己给自己盲目施加压力导致的心理问题，因为该生平时总是受到表扬最多的一个人，因此时时处处想要为同学起一个表率作用，这就无形中让自己承受了太多没有必要的压力，最后导致情绪上的不平静，本来能做好的事情，最后也不能如愿。

另一个原因是盲目的优越感。在学校里，尖子生得到更多的是教师的关爱、同学的羡慕，这些都会使尖子生产生一种优越感。我们也能经常看到，有些尖子生学习并不踏实，容易满足现状，或是只有成绩好，思想品德方面做得并不好。教师和家长对其的批评在他眼中都是不能接受的。久而久之，对困难和挫折的承受力变得十分脆弱。

在家庭中，家长的教育方式也会有影响。尖子生由于学习成绩优良，家长都把他们当作重点培养的对象加以呵护，当孩子遇到挫折时，家长会因为心痛而越俎代庖，使孩子失去经受考验的机会。

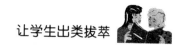

　　因此,在培养尖子生的过程中,尖子生的耐挫力的培养是非常重要的。怎样使他们身心得到健康发展，做一个德智体美劳全面发展的孩子是值得我们思考的。

　　首先，要使尖子生明白，在现实生活中，挫折是不可避免的。作为一名学生，在学习、生活中肯定会遇到这样或那样的问题和困扰，不可能万事如意。因此，不能一味地对尖子生讲顺利、成功的一面，否则他们一旦遇到挫折，就会因毫无思想准备而手足无措。当然，要让尖子生学会克服挫折，光有对挫折的思想准备是不够的，还必须要教他们掌握应对挫折的方法。

　　其次，让尖子生正确认识自己。学生年龄小，阅历尚浅，还不能正确地估量自己的能力，有时会产生不切实际的目标，容易产生挫伤感。

　　记得有一次，我提前走进了课堂，见同学们正围作一团，齐喊"加油、加油"。我走近一看，原来是小武和小龙在进行扳手腕比赛，心想：嘿，这下糟了，小武这个又瘦又小的体型，哪里是大块头小龙的对手，这下他输定了。果然，小武细小无力的手终于支撑不住被反压在桌面上，只见他红着脸抽身就往外跑。结果我发现，一堂课他都坐在那儿生闷气。下课后，我走到他跟前摸着他的头说：还在生气呀，胜败乃兵家常事，没有你的输，哪会有他的赢，第一名只有一个呀，虽然他的力气比你大，但你也有比他强的地方，比如跳绳、做作业等。这时，他抬起头笑了……

　　像这样由于过高地估计了自己的能力而产生的挫折感，征师要及时地给予学生情绪上的疏导，并帮助学生调整过高的目标，交给他们估量自己的方法，端正他们的思想，使他们获得新的成功，增强了他们的耐挫力。

　　再次，要给尖子生提供一些锻炼机会。开展一些小活动，让他们也受到失败的磨炼，以防他们过分自信而造成自负。当然，在为他们设计情境时必须有一定的难度,但又不能太难,应是孩子通过努力可以克服的。

因为，过度的挫折会损伤孩子的自信心和积极性。

还要在心理上给尖子生以暗示，让他相信自己是可以克服障碍的，但在实施办法上要循序渐进。教师可以先提出一些简单的、短期内能够实现的任务，然后再提出比较复杂的、需要一定努力才能完成的任务，从而锻炼尖子生的意志，坚定他们排除障碍的决心，鼓励他们做出努力，达到预期目标，以此来提高自己的耐挫力。

最后，要帮助尖子生创设良好的家庭教育环境，教师可以通过家访等形式，加强家校联系，力求做到学校教育与家庭教育的一致性，消除家长包办等一些不利于培养孩子耐挫力的情况，从而形成教育的合力。

第五章

教育尖子生要讲究智慧

教师要做教育的有心人，在对待尖子生的教育问题上更是需要教师的智慧，用心来管理，用爱来感化。要学生在学习过程中，一步一个台阶，脚踏实地，不骄不躁；要高标准、严要求，不断向优等生提出前进的新目标。勤作比较，认清自我，取长补短，全面发展。因势利导，自我内化，意识到自己的缺点，感觉到改正缺点的必要。经受挫折，尤其应增强他们的心理承受力。

用心管理，用力打造，用爱感化

我们先看下面这个案例：

2006 中考，我们初三 (4) 班达到南师附中分数线的学生有 11 名，达到金陵中学分数线的有 15 名，班级总平均分也在全区名列前茅（南师附中和金陵中学均为当地重点中学——编者注）。这个班级在初一时是个"问题班"，初二我接手这个班后，用心做好班级常规管理，用力打造尖子生，用爱感化所有同学，逐渐使班级风气产生根本性的变化。特别是一批尖子生脱颖而出（06 年中考我班 640 分以上的学生有 8 名，占全校 640 分以上人数的 35%），他们带动了全班同学一起前进，在中考中取得辉煌成绩。

这是江苏某初中毕业班的一位刘姓老师写在博客里的文章。这位老师同时也在博客里透露了他培养尖子生的途径。

那么，他是怎么做的呢？

用真心了解班情、学情，迅速发现优生"苗子"

"泰山不拒细壤，故能成其高；江海不择细流，故能就其深。"学生的思想意识渗透在平时的行为和习惯中，作为班主任应该从细微处入手，让教育细无声地滋润每个学生的心田。

在工作中，刘老师跳出常规班级管理的小天地，从眺望周围的大千世界中受到启迪，产生新的想法并付诸行动，使班级管理与众不同。

他从尖子生培养入手，以"尖"带"面"，取得良好的效果。

记得刚接手这个班级的时候是 04 年暑假的返校日（8 月 20 日），第一次和孩子们见面，就被他们的调皮和一些不好的习惯惊住了（第一次就这样，以后那还得了！），我知道这个班肯定"不一般"，需要我动一番心思、费一番力气来管理。那一天会后，我把全班同学都留了下来，让他们每人写一份初一的生活回忆。回忆初一时自己的学习情况、同学的表现及老师的工作情况，要求面面俱到，越详细越好。大约经过一个小时，孩子们交过来一份份很长的"回忆录"。

　　我把那些"回忆录"带回家仔仔细细地读，因为这是我了解班级情况的第一手资料。当时我有一个迫切的愿望，就是要了解这个"问题班"的问题究竟在哪里，改变这个班状况的出路在哪里。从孩子们的"回忆录"里，我了解到了不少信息：这个班的学生情况参差不齐，分化严重，有的同学学习习惯不好，给管理上带来一定难度；以前班主任与学生关系紧张……我知道这些将是我以后工作要重点突破的地方。从"回忆录"中我也了解到：这个班有几个孩子工作能力强，成绩也很好。我很高兴，我知道这几个孩子可能是我改变班级状况的关键，如果我将班级学生分成几个小队，让他们分别成为每个小队的领头羊，也许能带动所有学生进步，从而彻底改变班级状况。

　　接下来的一段时间，我利用电话或网络与班级不少同学进行交流，进一步了解了班级情况。特别是通过与这些优秀的孩子们交流之后，我进一步了解了他们的学习状况，拉近了与他们的距离，赢得了他们的信任，与他们建立了良好的关系。他们开始像上届学生那样叫我"董董"（昵称）。

用全力打造优等学生，凸显学习"尖子"

　　通过各种渠道，刘老师把学生在初一的学习情况摸得一清二楚，做到心中有数，有的放矢。开学第一个月，他用心观察但不露声色，很快发现在学习较好的几个孩子中，有的学习积极性很高，但学习方法或策略不佳；有的头脑反应很快，但学习习惯不够好；有的成绩优秀，但心里没有远大目标；有的单科很好，但无法名列前茅……这些情况使他意识到必须想想办法，使他们"尖"起来，成为该班的"品牌"。

　　首先，从思想上提出严格要求。

　　在开学第一周的班会上，刘老师宣布原先的班委继续留任，让他们知道这是对他们的信任。刘老师还告诉全班同学等到第一次月考成绩下来再进行班委竞选，这样做不仅是给几位班委中的尖子生施加压力，也给别的同学以动力。

我对尖子生提出严格要求，教育他们懂得"山外有山，天外有天"和"学无止境"的道理，使他们力戒骄傲自满，并鼓励他们向"北大""清华"等未来的目标进军，勇于进取，攀登学习高峰。对于这类学生，我们注意帮助他们培养起热爱集体、关心他人的优良品德，并创造条件让他们在早读课、自习课充当小老师，给同学评讲作业和解答疑难问题，有时甚至让他们上台讲课。这样，他们在辅导同学的过程中不断发现自己的缺陷与不足，促使自己不断钻研，向更高的层次发展，同时也带动一大批学生的进步。我还在每学期期末考试后设立专栏，介绍尖子生中佼佼者的先进事迹和学习经验，激励其他尖子生更上一层楼。

其次，在学习上给予格外关注。

尖子生有较好的学习基础，有较强的求知欲望和浓厚的学习兴趣，如果对他们像普通学生一般要求，他们不但学习水平不能进一步提高，而且往往会因骄傲自满而导致退步。因此，刘老师在科任老师的支持和配合下，改变培养方式，通过开展分层次教学、分层次布置作业、分层次辅导、分层次考试等多种措施，鼓励和促进尖子生在学习上冒尖。

在课堂教学中，我启用优生，让优生在学习中起好带头、组织、示范作用，以充分锻炼和提高优生的能力，发展他们的优势。课堂上实行分层次训练，特别是理科教学中，根据学生分析和解题速度差异较大的现状，在练习和作业中分A、B组题，给出不同的要求；文科教学中针对不同的学生，提出不同难度的问题，发挥尖子生的引领作用。

作业设计上，分别设计出基础题、思考题和综合运用题等练习题，尖子生以综合训练为主，重点放在知识迁移和灵活运用上。

利用课余时间对他们进行拓展延伸性辅导，经过我们的努力，他们在理解能力、学科学习能力、知识运用能力等方面都有了大幅度的提高。对尖子生适当加码，结合第二课堂活动，加强对他们进行探索思维和逆向思维的训练，使之向更高的层次发展。

在历次测试中增加开放题、探索题和研究题，让尖子生完成，开阔

他们的视野，提高他们的能力。

通过以上措施，尖子生很快脱颖而出，他们被称为"初三(4)班七剑"，每次考试，他们的成绩在年级里名列前茅。中考二模考试，年级前十名中我班占了七名；中考，年级前十名我班占了六个。

用关爱架起感情桥梁，促进尖子生健康发展

尖子生有学习成绩好、智力高、精力充沛等许多优势，但如不注意给予关心和爱护，有可能造成他们孤芳自赏的性格，甚至会产生不良的心理阴影。所以，对尖子生的思想动态也不能放任不管，也要倾注爱心和关注。

1. 用耐心去引导学生

在学习、生活上关怀他们，帮助他们克服困难，培养尖子生抗挫进取能力，教育他们要明白在求学的路上充满困难和坎坷，学习如逆水行舟不进则退，从心理上培养他们的抗挫进取能力。

临近中考时，我班的叶同学出现了情绪上的波动，主要原因是几次测验成绩不理想。我多次找他谈心，从心理上对其进行针对性疏导，告诉他这是初三同学都会出现的"高原现象"，只要正确对待很快就会过去的。就这样，他的情绪稳定下来了，中考取得了653分的好成绩。

记得著名教育家任小艾说过："教师是在学生心灵深处耕耘的人。"教师是学生心灵成长和知识教育的引领者，因此没有爱心的教师，没有耐心的教育，就没有学生的健康成长。

2. 用宽容心去对待学生

我们教育的对象是活生生的人，而且是精力充沛、思想异常活跃的青少年。尽管他们是尖子生，但是他们的认识水平有限，人生经验也缺乏，不知道什么时候就会做出一件令我们难以想像甚至难以理解的事情来，我们要以一颗宽容的心去对待学生。

刘同学学习成绩是很好，但是纰漏不断。有一次在教室里练弹跳，把教室后面的钟给碰坏了。我没有粗暴地批评他，问清了事情的原委后，只是让他照价赔偿，并告诉他以后要引起注意。他非常感动，以后很注

意自己的言行，很少再如此冒失了。

"谅解也是教育。"爱因斯坦曾经这样说过。对别人的过错能宽容原谅是一种美德，也是一个优秀教师必须具备的心理品质。优秀的教师都善于以自己的宽容走进学生，走进学生的内心，变成学生心目中可亲可近可以推心置腹的人，从而顺利达到教育学生的目的。宽容是一种温柔的力量，它可以穿透人的心灵。

3. 用年轻的心去理解学生

只有拥有了一颗年轻的心，才能走进学生的情感世界，才能感受到他们的喜怒哀乐。班主任要尽量使自己具备"学生的心灵"，用"学生的大脑"去思考问题，用"学生的眼光"去看世界，用"学生的情感"去体验生活，用"学生的兴趣"去发展爱好，以感情赢得感情，以心灵感受心灵，才能达到老师和学生相互悦纳的理想境界，帮助他们树立正确的人生观、价值观。

每当班级有同学拿到比赛名次时，我都和他们一起欢欣鼓舞，和他们一起计算班级得分，分享他们成功的喜悦。元旦到来的时候，我让学生自己上街购买他们喜欢的装饰品，由他们自己动手装扮教室，联欢晚会活动的策划、组织、安排全部由学生自己解决，我在幕后给予全力协助，晚会上让他们尽情地娱乐。班级的评选、班干部选举等各项活动，我只负责做好一名参谋，主动权全部交给学生，结果每项活动都举办得很理想，学生也很开心。

可见，我们只有真正带着一颗年轻的心去理解学生，自觉地换位思考，才能以心灵去呵护心灵。每一种心灵的碰撞都会有回声，不过，一颗心与另一颗心的碰撞需要付出真诚才能发出清新、悦耳的回响。

4. 用发展的观点去尊重学生的个性发展

多元智能理论告诉我们，人的智能是多元的。在这个崇尚张扬个性，倡导价值多元化的社会，不能仅以简单的分数衡量一个学生，对尖子生更是这样。我们要用多元价值判断学生，充分挖掘学生的潜能。

我班的一位同学学习成绩挺好，但个性比较张扬，同学有些排斥他，他非常苦恼。我多次找他谈心，与他沟通，告诉他有个性不是错，只是要注意与同学沟通的方式，这样就不会与同学关系紧张了。他试着改变自己与同学交往的方式，很快融入了班集体。

从中可以看出，教师要以一种研究的心态去观察学生，善于捕捉和发现每个学生的优势智能，并对每个学生的个性特点进行充分的了解，进而使之得到很好的发展，最终达到学生健康发展的终极目的。

赞可夫曾经说过：所谓真正的教育，就是指不仅让学生完成教师的要求而且使他们的个性、他们的精神生活得到自然的发展。素质教育归根结底是"尊重个性，发展个性"的教育。在教学中，我们应留给学生自主活动的余地，让其个性得到充分的张扬。

"人格只能用人格去铸造，情感只能以情感去点燃，而能力也只有靠能力来培养。"教师只有具备了爱心、耐心、宽容之心和年轻之心，才会懂得尊重学生的个性特点，并用自己的智慧去发掘每个学生的个性潜能，使每个学生的个性都得以健康发展，让每个学生都能最大限度地实现他的人生价值。

当然，刘老师在重视对尖子生的培养和学生的个性发展的同时，也没有忘记"面向全体"这一教学原则，没有忘记对其他学生的关注。他正是通过培养尖子生来带动全体，进而取得了整体的优秀成绩。

实践证明这些方法是切实可行的，也是值得我们参考和借鉴的。

尖子生也需要鼓励

相信下面这个故事许多人都读过。

罗纳尔读中学的时候成绩很差，每次考试总在倒数几名徘徊。老师一直说他无可救药了，连他自己也觉得这辈子不可能成功。为此，他一直很沮丧。

有一天，老师兴奋地在班上宣布，著名的学者罗森·索索尔要来班上做实验。

"这和我有什么关系？"罗纳尔闷闷不乐地嘀咕了一句。不过，他的耳朵还是捕捉到了一句话，"知道吗？罗森是研究人才学的，据说他有一种神奇的仪器，能预测出谁未来会获得成功。"这是尖子生杰比对他的邻桌的窃窃私语。

"这和我没有关系。"罗纳尔更加肯定，出门玩去了。

不过几个尖子生为此激动不已，他们都忐忑不安地期望着罗森的到来，并渴望着看看那个神奇的仪器。

罗森·索索尔终于来了，他是个大胡子的中年人，和蔼可亲，但看不出有什么特别之处。

令那几个尖子生失望的是，罗森·索索尔只是到班上转了几圈便没了踪影，甚至没机会认识那几个尖子生。罗森的几位助手为学生做了一次例行体验，除了体重计、血压计、听诊器之类也没有什么神秘的东西。体验和学校平日组织的没有任何两样，只是助手多和孩子们拉了几句家常，"住哪儿？父母是干什么的，希望将来干什么"之类的话。

也许罗森有特异功能吧？尖子生们安慰着自己。

老师神秘地点了五个同学的名字，请他们一一到办公室来一下。罗纳尔紧张得很，以为自己又没考好，要去挨训，不过，杰比也在场，他可是数一数二的尖子生哟。罗纳尔觉得很奇怪，其余几个人也莫名其妙。办公室里坐满了老师，还有久违了的罗森·索索尔以及他的助手。

"孩子们，"罗森依旧那么和蔼可亲，"我仔细地研究了你们的档案、家庭及现在的学习情况，我认为你们五个人将来会成大器的，好好努力吧。"

罗纳尔觉得血一下冲到了头上，他一直以为自己听错了，可是看看在场别人的表情，他知道这是真的。从办公室出来，罗纳尔觉得自己的脚步轻松了许多，"原来我还有希望，罗森是这么说的，他的预测一向是准确的，我要好好努力！"再看看其余四个人，罗纳尔觉得他们也全部面露喜色，"他们和我没两样。"

"罗森说我会成大器的"，罗纳尔从此一直这么激励自己，很快，他的成绩跃居班级前几名，当然被罗森点的几位同学也都名列前茅。罗纳尔开始觉得连老师为他讲解时的目光也变得喜悦起来，再也没人说他无可救药了。

十五年之后，罗纳尔顺利地从哈佛大学数学系取得了博士学位，在毕业典礼上，他见到了久违的罗森教授。罗森头发全白了，但罗纳尔还是一眼认出了这个他生命中最重要的人物。罗森竟然还记得罗纳尔，热烈地向罗纳尔表示祝贺。

"可是"，罗纳尔终于还是忍不住问了起来，"您是凭着哪一点确信我一定会成功的？我根本就算不上一个尖子生，甚至连大多数人都不如，当时连我自己都绝望了。"罗纳尔坚信是自己的某些特质吸引了罗森教授以至直到现在还记得自己。

"孩子，我给你看一样东西，"罗森请罗纳尔到自己的电脑室去，在那里，他调出了罗纳尔的全部资料，包括从他们那次实验后的每次考试成绩记录、就读的大学的情况。不仅有他的，还有其余四个人的：杰比，人类学家；努克，著名的建筑设计师……罗纳尔一点也不明白是怎么回事。

"那次实验到现在才结束，实验的题目是《语言的激励作用对人的影响》，我们一直对你们五人进行跟踪，实验大获成功。实际上，我并不知道你们都会成功，但除了出车祸而亡的丽达，你们都成功了。我是从花名册上随便勾的五个人名，在此之前我对你一点也不了解。实验表明，帮助孩子培养对自己的信心，更能发挥孩子的潜力，因为人类会经常被自己心中的信心所引导，小孩也不例外。"

罗森·索索尔的这个实验是心理学史上一个著名的实验，它是利用了语言的暗示功效来培养人的自信心。罗纳尔便是在"你一定会成器"这句话语的暗示下重树学习的信心和决心，最终通过刻苦努力而获得成功的。

相似的故事其实在中国也有，比如下面这个。

有这样一位母亲，她的儿子并不聪明乖顺。上幼儿园时，老师告诉她："你儿子有多动症，在座位上连三分钟都坐不了，你最好带他去医院看看。"她听了，鼻子一酸，差点流下泪来。哪个母亲不希望自己的孩子好，可她的孩子，在全班30个孩子中，表现最差。老师对她的孩子表现出一脸的不屑。可回家后，儿子问她老师说了些什么，她却告诉儿子："老师表扬你了，说宝宝原来在座位上连一分钟都坐不了，现在能坐三分钟了。其他的妈妈都非常羡慕妈妈，因为全班只有宝宝进步了。"那天晚上，她儿子破天荒地吃了两碗米饭，并且没让她喂。

儿子上小学了，开家长会时，老师悄悄地对她说："全班50名学生，这次考试，你儿子是第49名。我们怀疑他智力上有些障碍，你最好带他去医院查一查。"在回家的路上，她想起老师的话就流泪，可回到家里，她仍然对坐在桌前的儿子说："老师对你充满信心。老师说了，你并不是个笨孩子，只要再认真细心些，一定会超过你的同桌，这次你的同桌排在第21名。"说这话时，她发现，儿子黯淡的眼神一下子有了光彩，沮丧的脸也一下子舒展开来。她甚至发现，儿子好像一下子长大了很多，第二天上学时，去得比平时都要早。

儿子上了初中，每次家长会，他的儿子在后进生中总是被点到。然而，到了初三时，却出乎她的意料，直到结束，都没有听到，她甚至有了些不习惯。她去问老师，老师告诉她："按你儿子的成绩，考重点高中有点危险。"她怀着惊喜的心情走出了校门，此时她发现儿子在等她。路上，她扶着儿子的肩膀，心里有一种说不出的甜蜜，她告诉儿子："班主任对你非常满意，他说了，只要你努力，很有希望考上重点高中。"

高中毕业了，第一批大学录取通知书下达的日子，学校打电话让她儿子到学校去一趟。她有一种预感，她儿子被录取了，因为在报考时，她给儿子说过，她相信他能考取这所学校。儿子从学校回来，把一封印有清华大学招生办公室的特快专递无言地放到她的怀里，然后突然转身跑到房间里哭了起来，边哭边说："妈妈，我一直都知道我不是一个聪明的好孩子，是您……"这时，这位母亲再也抑制不住十几年来积聚的泪水，任它滚落在手中的信封上。

当然，也许有人会说，这些案例更多表述的是鼓励对后进生健康成长的巨大作用，那么，尖子生是否就不需要鼓励呢？

答案自然是否定的。

下面这个案例就说明了这个道理。

我们班小丹是参加数学应用题竞赛的尖子生，教学成绩非常出色，但在我的一次公开课上她没有做出一道简单的应用题来，就不好意思参加数学竞赛辅导了。

怎么办？

我发现后，对她进行了耐心教育，肯定她学习数学的能力，又讲了参加数学竞赛辅导的优越性，并且我直言不讳地告诉她："在我的心中，你是最棒的。"在我的耐心教育和鼓励下，她终于认识到自己存在的畏惧心理，也发现自己的潜能没有充分地发挥出来。在后来的学习过程中，她一改往日那种机械的学习方式，以良好的心理素质和科学的方法，取得了一次又一次的好成绩，成为老师和同学们共同认可的优秀学生。

可见，尖子生同样离不开鼓励。

明代教育家王阳明曾说："今教童子，必使其趋向鼓舞，中心喜悦，则其进自不能已。"德国教育家第斯多惠也说："教学艺术的本质，不在于传授而在于激励、唤醒和鼓舞。"可见，鼓励是多么重要。

鼓励能激发学生的自信心。"每个儿童都是带着想好好学习的愿望来上学的"（苏霍姆林斯基）。然而，几经失败，学生就失去了信心。这时，教师要以真诚的信赖和热情的鼓励来帮助他们，要善于发现学生身上的闪光点和微小进步，保护他们极为脆弱的自尊心，使他们树立起自信心，激发起获取成功的愿望，以获得前进的勇气和动力。心理研究表明：心理发展还不完善的学生最乐于接纳的是自身的闪光点被肯定。

鼓励是一门艺术，是一种期盼。所罗门有句谚语："那种在合适环境中所讲的话，如同在银盘里放上一枚金苹果那样恰到好处。"鼓励在生活中无处不在。你轻描淡写的一句评语，你看似简单的一个爱抚，你富有深情的一个眼神，你看似不着边际的一句问候，你反其道而行的榜样力量，你不露痕迹的一个暗示，你一个感人肺腑的故事……这些都会给学生留下刻骨铭心的记忆，心中激发起前进的动力。

因此，教师在教育学生包括尖子生时一定要多鼓励、多表扬，培养学生的自信心。

别把你的表扬藏在心底，多鼓励孩子吧！甭管他是尖子生还是后进生。

培养尖子生的六大要领

尖子生的培养工作千头万绪，要做到有条不紊而又卓有成效，的确不易。作为班主任，要达到此目的，除投入充足的时间和精力外，还要讲究方法，抓住关键，突出重点。

培养尖子生，班主任的主要任务应是为他们创设一个良好的学习和生活环境，加强学习方法指导和心理辅导，补短扬长，发展个性，不断壮大尖子生队伍。许多在培养尖子生方面卓有成效的班主任把从工作实践中摸索到的方法概括为"早、宽、和、补、扬、导"6个字，谓之六大要领。值得为师者参考。

早——行动早、计划早

尖子生的培养周期长、收效慢的特点决定了尖子生的培养必须注意一个"早"字。

从一得知要做班主任起，我们就要把培养尖子生的工作摆到重要的议事日程上来。我们应在开学前借助学生档案，提前熟悉学生的情况，尤其是尖子生的情况，做到人未到，心先到。开学之后，更要通过询问原班主任、科任老师，课堂提问、测验、谈心、旁窥等手段去进一步印证已知的考试成绩、操行评价是否属实，检测尖子生的综合素质。另外，还须把眼界放大些，圈出有培养潜力的准尖子生。这样，通过几层查找认证，便能发现尖子生和准尖子生。

——此谓之行动早。

十年树木，百年树人。任何企图短时间内快速高效地培养尖子生的想法都是不现实的，揠苗助长的做法是反科学的。要培养尖子生，就得加强计划性，才能做到事半功倍。俗话说：早计划，早安排。一旦接手做班主任，就要定下个大体的年度目标、明确的学期目标和半学期目标，并为之制订相应的月计划、学期计划。当然，不同的带班时间，目标和措施是不同的。带班时间长，奋斗目标要长远些，进步节奏要沉稳些；带班时间短，奋斗目标必须明确、进步节奏必须加快。在完成目标时要充分注意其特点：由打好基础知识到提高运用能力，由搞好班风到搞好学风，由改正学习习惯到转变学习态度，由平稳进步到加速提高，不可操之过急。

——此谓之计划早。

宽——宽松的环境、宽广的胸怀

1. 创设一个宽松的环境

众所周知，小到一个集体，大到一个国家，没有一个民主和谐的宽松环境，是很难培养出出类拔萃的人才的。只有在相对自由宽松的环境里，人的身心才能放松，没有受到禁锢的思想才可能解放，思维才能打破常规，才能充分发挥想象力和创造力，自由地发展特长。相反，专制的国家扼杀人才，专制的集体埋没人才。基于这样的认识，为了培养出出类拔萃的人才，班主任要着力为尖子生创设一个宽松的环境。

　　首先，班主任要有一个明确的育人目标，如"守纪十及格""合格十特长"。树立一个明确的育人目标，不只是教育部门或学校的事，也应该是班主任的大事。

　　一位班主任说过：

　　我的育人目标是"规矩＋个性"，就是要把学生培养成知规矩、守规矩，并能利用已知规矩去发现新规矩、创新新规矩，拥有良好个性的学生。所谓个性，指的是在一定的社会条件和教育影响下形成的一个人的比较固定的特性，那么，良好的个性指的就是一个人健康的性格和良好的品德的综合特性，是一个人良好的道德修养、文明程度的综合体现。它至少包括：勇于面对现实的客观态度和上进乐观的生活激情；独立处理事情的能力和敢于承担责任的气魄；能充分享受亲情和友情的乐趣并愿为之付出代价；适当地接受他人诚心的帮助并乐于接受别人的爱；理智地待人处事并能控制不良情绪；有长远的打算并能做到不被眼前利益迷惑；在尽力完成任务之后善于休息和享乐；慎重地对待工作（学习）环境和生活环境的改变并能适应新环境；有同情心并能善待弱小者；宽容和谅解对自己造成不利影响的人和事。

　　作为班主任，我们不用去担心要学生守规矩会扼杀他们的个性。其实，不守规矩的学生的所谓个性，只能是不良的野性，而不是良好的个性。试想，一个连保护学生健康成长的规章制度都不遵守的学生，怎么可能去谈更高层次的个性问题呢？那些看似潇洒、不拘小节的人，往往因小节而断送了他的成功。所以，张扬个性的前提是遵守规矩，要想发展个性，首先必须遵守规矩：这就是规矩和个性的辩证关系。

　　其次，要培养一支出色的班干部队伍，让学生学会在日常的学习和生活中自己管理自己。要管好纪律，前提是选好班干部。

　　有位班主任是这么做的：

　　我采取的是能充分调动班干部积极性，增强班干部凝聚力的"组阁制"：先由全班同学选出五个主要班干部（我谓之五个"常委"），然后由班主任根据五个人的能力、性格等，结合其本人的要求具体分工，最后由确定下的班长和团支书自己"组阁"，经班主任审查确定之后再向全班公布。

班主任把握大局，负责指导、督促班干部朝制定的目标努力工作，不限制班干部的日常管理权力，以便充分发挥班干部的主观能动性。班干部被授权可根据具体情况，经集体讨论同意，采取各种措施处理日常的班务工作，大事则向班主任汇报、请示。

这位班主任的做法值得借鉴，班主任抓大放小，既集中了培养尖子生的精力，又充分调动了班干部的积极性，建设起了一支民主而高效的干部队伍。

再次，在纪律管理上，可以淡化纪律评比，强化道德修养，从道德修养的高度去要求守纪；面对不良风气，要强调洁身自好，反对随波逐流；要求学生学会克制和理智，提倡对自己的言行负责的态度。重视道德修养和思想建设，既可促进学生个性的健康发展，又可加强纪律管理，促进班风和学风的好转。

除此之外，班主任还要美化有形的环境，经常保持清洁卫生，适当张贴鼓舞人心的警句、图画，摆放小巧的花盆等点缀讲台，把教室建设成一个安静、整洁、美观，催人上进的场所。

2. 拥有一个宽广的胸怀

作为班主任，总会遇到不听话的学生或者是与自己的个性相差很远的学生。这时，班主任就需要以宽广的胸怀去对待他们。学生，总是会犯错误的，只要不是严重违纪或道德恶劣，就要尽量宽容，给学生改正的机会和改正的时间。批评教育学生时，要就事论事，不可动辄上纲上线，或大揭老底、大挖伤疤，这很容易伤害他们的自尊心，打击他们改正错误的决心，造成师生之间的误解和对立。要态度温和而有耐心，过于严厉的口吻和要求都容易造成学生的心理紧张和压抑；对经常违纪的"老病号"，不要先入为主，一定要多方调查，反复求证，才不至于造成"冤假错案"；对自己看不顺眼的"个性问题"学生，少以常人之情去度其人之"性"，以免曲解、误解他。对这些学生，班主任要与之为善，宽容他们的不足，理解他们的个性，并努力找出他们的闪光点，及时表扬他们，鼓励他们。这样，才能创造出一个友好和谐的人际环境。

和——和睦的师师、师生、生生关系

俗话说：天时地利人和。三者之中以人和为最贵。创造和睦的人际关系，减少内部摩擦，增强凝聚力，是班主任必须处理好的一件大事。

在一个班里，班主任至少必须处理好以下几方面人际关系。

1. 班主任与科任老师之间的关系

班主任要顾全大局，平衡各学科之间的关系，处理好科任老师之间抢时间和抢学生的矛盾。要主动向科任老师告知尖子生的情况，让他们想方设法对尖子生扬长避短。要关心各个学科的学习情况，重视科任老师提出的建议，帮助科任老师解决问题，增强科任老师的责任心，发动科任老师齐抓共管，做好学生的思想工作。只有这样。才可能使老师们同心同德。团结协作，共同提高学生的各科成绩。

2. 老师与学生之间的关系

俗话说，听话的孩子有糖吃。尊重老师的学生，可以得到老师更多的关心和指导，能够赢得老师赞赏和帮助的尖子生，他们课内课外都一样尊重老师，特别是在请教老师时。他们能做到学术知识大胆争议，神情态度恳切有礼，言谈得体大方。而不懂尊师的学生，则容易被老师冷落，徒增烦恼，影响学习。师生之间，根本利益是一致的，师生要本着老师关心学生、学生尊重老师的原则友好相处。对我们的学生，班主任要多一分关爱之心和宽容之情，要做到严格而不严厉，随和而不随便，亲切而不亲呢，才能赢得学生的敬重和爱戴。在教育学生时，不谩骂、要挟、恐吓、仇视学生，否则会增加师生间的矛盾，恶化师生关系。另外，老师不宜对学生的私人秘密津津乐道，否则既会破坏老师对学生的美感，又会削弱学生对老师的好感。

3. 尖子生与尖子生之间的关系

处理尖子生之间的关系，要贯彻既竞争，又友好的原则。对尖子生而言，竞争显得更加激烈。因此，班主任就要引导尖子生友好地竞争。

（1）承认存在竞争，但要把有伤害的竞争淡化为没有伤害的比赛，绝对不能采取有意扬此抑彼、褒彼贬此的方法来促进尖子生之间的恶性竞争。

（2）要把比的对象从班引到校，由校引到县（市），由县（市）引到省，因为最终每个学生要比的都是全省的考生。这样，就可以使尖子生的眼光变得长远些，转移尖子生因妒忌造成的矛盾。

（3）要提高对竞争的认识，变竞争有害为竞争有利。竞争的过程，其实是一个互相学习、共同进步的过程。尖子生更要取人之长，补己之短。别人的长处是很多的，如成功的学习经验、良好的心理素质、成熟的为人处事方法、引人瞩目的特长等。尖子生要把竞争的对手当成是激励自己上进的目标和榜样，当成帮助自己成熟的良师益友。

（4）要学会比的方法，明确比的内容。既要横比，也要纵比；既要比优点，也要比缺点；既要比强项，也要比弱项；既要比分数，也要比能力；尤其是，既要比成绩，更要比贡献，看谁帮助同学多，看谁为班级争的荣誉多。这样，班主任通过引导，扩大了比的内涵，尖子生就不会死盯学习成绩，而会转向多方面发展，达到减少尖子生之间矛盾的目的。

4. 尖子生与后进生之间的关系

如果班主任只是关心尖子生而冷落后进生，肯定会引起后进生对老师的不满和对尖子生的怨恨。这时，班主任就要分出一部分时间和精力关心他们，以平衡他们的情绪。但一个人的精力毕竟是有限的，工作总还是有所侧重的。要达到集中精力培养尖子生的目的，唯有用尖子生帮助后进生的办法，才可能使班主任腾出宝贵的时间研究培养尖子生的问题，使尖子生受益更多。

实践证明，让尖子生去帮助后进生，并不会影响尖子生的成绩，相反的，这种做法的好处很多。

（1）教人的过程事实上也是一个温习提高的过程。尖子生在帮助后进生的过程中，吸取后进生失败的教训，看到自己的不足，不断地查缺补漏，巩固基础，改进学法，提高效率。

（2）尖子生通过帮助后进生，可以改善尖子生与后进生的关系，激发后进生的学习热情，改正后进生不良的学习习惯，转变后进生的学习态度，提高后进生的学习成绩，进而搞好班风和学风。而且，以尖子生帮助后进生的办法，可以避免班主任因不了解后进生的情况造成的盲目和低效，减少因教育方法和态度不当产生的矛盾，显得更省力而有效。不过，使用尖子生帮助后进生的办法，需要注意几个问题：一要提高尖子生对这一做法的认识，培养尖子生的工作热情；二要采取有效的帮助方式，如"一帮一"结队帮助法；三要提高帮教责任和效果，加强检查落实帮助效果（如尖子生和帮教对象的考试名次总和要比以前有进步。尖子生的进退名次以1计，帮教对象的班内名次以2计，级内名次以10计）；四要安排好座位，注意尖子生与后进生在座位上的搭配，提高尖子生的辐射作用；五要密切观察帮助后进生的尖子生的情况，一旦尖子生受到较为明显的不良影响，要及时调整座位。

补——补人数、补不足

众所周知,影响考试成绩的不确定因素是很多的,如题型、情绪、天气、疾病等。因而,培养尖子生,最忌讳把"宝"押在几个人身上。即使是超出其他尖子生一大截的学生,也不能够保证他在考试中稳拿第一。现实中这种事例太多了。如果班主任只是着力培养少数几个尖子生,肯定会冷落中等生和后进生,打击准尖子生。这种"几枝竞秀一树残"的做法是非常不明智的。正确的做法是,不断地把准尖子生补充到培养的行列,变几个尖子生为一个尖子群,形成"百花怒放满庭芳"的局面。

班主任可以以学期为单位,有计划地逐层发展尖子生,扩大尖子群。视班里的尖子生的质量,第一批尖子生可认定 6～8 名。在中段考和学期考之后每次都适当地发展 3～5 个准尖子生进入尖子生的培养队伍。这样,分层次发展和培养尖子生,既激励其他学生的上进心,又可激活尖子生的竞争力,从而保证高考时即使"此落"也可"彼起",最起码,也可做到高分层的大面积丰收。

每个尖子生,尤其是准尖子生,总是有薄弱的学科的。补弱科的方法主要有:学习时间的倾斜,科任教师指导和督促的倾斜,班主任座位安排的倾斜(安排该科有特长的尖子生与他同桌或在他周围帮助他)。补弱科的重要性是不言而喻的,但总有学生对偏科现象掉以轻心,以为补弱科会影响特长科,或总以下了功夫仍然学不好为借口,不重视补弱科。所以,班主任要从提高他们对中高考形势的认识入手去转变他们的观念。

金无足赤,人无完人。即使是所谓的圣人,也仍然存在明显的不足。尤其是非智力因素方面的。补尖子生这方面的不足,有时间长,力度弱,收效慢的特点,的确是个大难题。我们不妨从下面的案例中借鉴一二。

我在日常工作中采取的是正反结合、扬抑交错的办法,收到了较好的效果,具体说来有以下几点。

一是充分利用身边和身外的榜样的力量,正面鼓舞尖子生树立远大的理想,豪迈的斗志。二是积极发现尖子生在不足之处的进步点,及时地表扬鼓励,激发他们改正的决心和信心。三是注意教育的层次性,对不同层次的尖子生分别提出更高层次的要求,以此约束他们的言行,提高他们的修养，防范自满情绪，克服骄傲之气。例如，对品学兼优的学生，向他们提出向党组织靠拢的要求，并帮助他们提高对党的认识，指导他们填写入党申请书。我所带的高二（5）班有12个品学兼优的同学向党组织递交了入党申请书，成为年级之最。四是对常发作"老毛病"的尖子生，采取下"死命令"、紧"盯梢"的办法，督促其改正。五是讲明犯错误由小到大、由量变到质变的道理，举一些"一失足成千古恨"的事例教育尖子生，教育学生严守纪律，自觉修炼，搞好人际关系，不因违纪或处分而增加矛盾和烦恼，影响学习。六是要态度鲜明，把握分寸。对涉及道德修养的问题，如偷窃、辱骂等，一定严肃处理，决不姑息养奸；而对偶尔的小违纪、男女同学交往过密等，既要明确表明班主任坚决反对的态度，又要讲清它的危害和克制的办法，还要给其犯小错的机会，而在此之前之后更要做好防微杜渐、亡羊补牢的工作，以防止出现大的问题。七是适当地使用扬抑法、激将法。例如，因特长而经常受到表扬的尖子生，容易产生骄傲情绪，班主任可在他骄傲情绪严重时，不表扬他而表扬不如他的同学，或故意贬低他，找他的"岔子"，使他反省自己，然后再在适当的时候找他谈心，指出其不足，督促其改正。对"屡教不改"的尖子生，适当地使用激将法，效果也是不错的。

扬——发扬优势、张扬个性

在前期的补短取得成效后，后期的扬长决定了尖子生"尖"的程度，显得非常重要。这里所讲的"扬长"，主要指的是发扬优势、张扬个性。

所谓尖子生，当然是有其特长所在了，在学习上则主要表现为某一单科拔尖或者是各科成绩突出。补短是为了扬长，扬长是为了拔尖。"补短"与"扬长"的分寸，以是否仍然保持"长处仍长"的感觉来衡量。如果为了尽快补短而丢了其"长"，这是不明智的做法。要正确地处理好补短与扬长的关系：补短不忘"保长"，补后尽力"扬长"；可弱"长"而补短，但不可为补短而舍"长"。

要想使学习不断扬长，就要重视个性上的张扬。有人曾说，兴趣是最好的老师。我们也可以说，个性是扬长的动力之源。兴趣是可以改变的，它的不稳定性，会直接影响好成绩的连续性，使"扬长"失去持久的动力。而个性则是稳定的、持久的。有位教育专家说过："一个快乐的人生，每天必须拥有三感——责任感、成就感和危机感。"一个有良好个性的尖子生，会本着对自己、对亲人、对老师、对社会的高度责任感，激发起"建功立业"的强烈成就感，持久地保持高涨的学习热情，理智地学习，在取得好成绩后又能形成强烈的危机感，不断地克服学习中遇到的各种困难，取得新的进步。所以，个性是扬长的动力之源，尖子生要大力地张扬个性。

在日常的学习和生活中，学生主要是通过对生活和人生的真切感悟，提高对社会本质、人生价值的认识，改善主体与外界的关系，调节好心理状态，慢慢形成良好个性的。作为班主任，要密切注意尖子生的思想动态，及时发现尖子生在个性修养上的不足，并结合生活中的典型事例进行动之以情、晓之以理的教育。这样，内因和外因结合更易收到良好的效果。当然，真正要形成良好的个性，还需尖子生在漫漫的人生路上不断地求索。

作为班主任，还要明确尖子生的个性特征，保护尖子生个性中积极健康的成分，帮助他们去除影响进步的成分，鼓励他们积极培养个性，大胆地张扬个性，展现才华。

导——学习指导、心理辅导

对尖子生，要做好合理的"导"，尤其是学习指导和心理辅导。

1. 学习指导

尖子生个人品格和学习品格好，对同步进行的教学内容往往掌握得又快又好。学有余力的尖子生，有时会失去追求的目标，骄傲自满，浪费时间。这时，班主任要及时地引导尖子生不断学习，学习实用本领，尤其是学习课外知识。

古语说，有容乃大。一个尖子生，要有充足的发展后劲，就要有宽广的课外知识。无论什么考试，其实都是一个厚积薄发的过程。只有积得厚，才可能发得快发得准发得好。这有如建房，占地宽而实，房子才可能建得高而坚。任何一个求发展的尖子生，都不应该满足于课本知识，而应积极了解古今中外的文化成果，如文学名著、科技常识。课外知识是课内知识之源。书读得多，才可能学得深，学得精，学得新，才可能有所发现，有所创造，才可能成为更加优秀的尖子生。因此，班主任要鼓励学生多读书，读好书，开阔眼界，提高素质。

学得游刃有余的尖子生很欢迎班主任解其惑、指其路的点拨式指导，使他们产生豁然开朗的感觉。这种指导是警句式的，语句要言不烦而非夸夸其谈，师生心领神会而不貌合神离。在指导过程中，班主任可多帮助他们做分析，提供自己的看法，但具体怎么做要由他们自己决定，班主任应该允许他们殊途同归，鼓励他们"八仙过海，各显神通"。这时的班主任，要像教孩子走路的父亲，只要告诉孩子走的方法和走的地点，然后看着他走就可以了。也许，没有父亲扶着的孩子会摔更多的跤，但有一点是肯定的，那就是孩子一定学得更快、学得更欢。

要使"消化能力"特别强的尖子生得到更多的"营养"，除保证正常的"三餐"外，还需要给他们"开小灶"，让他们参加课外带有竞赛性质的提高班、奥赛班等，多进行高难度的智力训练和能力训练，提高心理承受能力。在训练中要重视训练思维，如发散思维、创新思维等，使思维向高精尖、深广新上发展。并多指导尖子生逐月订计划、定目标，培养超前意识。

为了提高对尖子生学法指导的针对性，班主任要建立尖子生档案，对他们进行跟踪辅导。班主任应对尖子生每科的月测成绩进行统计、分析、总结，了解他们的学习特点和学习情况，及时表扬进步的同学，了解落后同学退步的原因，然后进行学法指导和心理辅导。

2. 心理辅导

良好的学习成绩来自良好的心理素质。没有良好的心理素质就不可能取得良好的学习成绩。整天处于激烈竞争中的尖子生，要承受比普通学生更大的心理压力。虽然说适当的压力是一种动力，可压力一旦超过了心理承受的极限，就会成为阻力和破坏力，如洪水猛兽般的紧张、恐惧、自傲、自卑、妒忌、怨恨等不良情绪将不断地扭曲善良的面孔，摧毁洁白的灵魂，破坏纯真的品德。所以，班主任既要适度地给尖子生施加一定的压力，又要及时地帮助他们转移矛盾，释放压力，进行心理的辅导。

一个人要做到心理健康，首先要身体健康。健身是健心的基础。每个人都要根据自己的体质和爱好选择一种适合自己的健身方法，持之以恒地锻炼。动以健，静以养，运动和休息都是健身的方法。特别是进入高中后，从高一开始，学生就要注意练就健康的体魄，准备充沛的精力，以应付高考阶段紧张的学习。为迎接逐日来临的高考，学生要注意从高一到高三，运动量由高到低、运动时间由多到少地过渡。对于身体上的疾病，要及时治疗，尤其是影响睡眠的神经衰弱、失眠，要尽早根治。

除了健身，更重要的是健心。健心要以自我保健为主。在日常生活中，我们要引导学生注意以下几点以达到健心的目的：心常有求，不无所事事；知足常乐，不患得患失；与人为善，不结冤生怨；豁达大度，不斤斤计较；量力而行，不志大才疏；广结新友，不用情过专；自我安慰，不耿耿于怀。当遇到有暂时难解的心结、难除的痛苦时，不妨采用发泄的方法：写日记、写信，打电话，上网，找知己倾诉，到无人处喊叫、哭泣，以物代人击打想象中的"敌人"；也可采取转移的方法，如听歌、看书、唱歌、下棋、写字、画画、聊天、散步、运动、静坐、冥想、睡觉等，来转移烦恼，减轻痛苦，改善心情。但不宜提倡逛街、购物、喝酒、咒骂、吵架、赛车、爬高、骚扰他人等不文明的、带有损害性和破坏性的方法。当然，这些都是暂时性的办法。提高思想认识和道德修养，正确对待现实与理想的矛盾，才是解决心理问题的根本方法。

作为班主任，除提高尖子生的思想认识，告知健心的方法外，还应帮助他们培养勇于承受失败和挫折、面对成功和荣誉的过硬心理，做到"胜不骄，败不馁"，宠辱不惊，悲喜不乱。如果是单纯的心理辅导，应以疏导为主、教导为辅，完成释放、转移、缓解、改善、平衡、放松等调节过程。如果尖子生的不良情绪不是由单纯的心理问题引起，班主任则要从多方面去了解其中的原因，如生活的、学习的、人际关系的，然后对症下药，解决他们物质上的困难和其他问题。

总之，只要做到"早、宽、和、补、扬、导"，培养尖子生之路就会越走越宽广，越走越顺畅。

不妨剑走偏锋

在武侠小说中，大凡两大高手对决之时，胜负往往只在毫厘之间，而这毫厘之别往往不在自己寻常功夫的运用上。正如大师往往日臻化境，普通招式断然不能伤及对方，即使使出看家本领，也会因为招招相克，式式相契而不能够决胜峰巅。

原因何在？

答曰：寻常剑法，决然不能独辟蹊径，一招致敌。

或许有人会说，寻常剑法却也各具特点，各大门派学会一招半式便可防身，熟稔一家之技便可以行走江湖，综各家所长甚或可以横行武林。但是，这并未能达到至尊的境界。大师就是大师，两人之间面对面的决斗中，王者只有一个，你可以略带凄美地称失败者为"英雄"。不错，英雄有时也能受人尊敬，但更受人尊崇的是王者，成功者！转到我们将要讨论的话题上，"王者"就是：尖子生，第一名，只有一个。而在大范围的"江湖"对决中，你如何保证你的所谓尖子生是真正的尖子？更直白地说，我们的学生，在高考这个江湖，能不能考上清华、北大之类的尖子学府？

"秘籍"之一，剑走偏锋。

为避免不必要的误会，先把论题限定一下：我谈的是尖子生的培养，而不是大面积的高上线率实施计划。我谈的是尖子生在高手对决时的应对办法，隐含的前提是他已经很规范地践行了标准化的学习、思维、考试训练，他一定很聪明，也肯定很刻苦，他或有雄心，或有理想，敏学善思，他是一个比较优秀的学生，在这个前提下，我们才能进行论证。

因为，学生的基础是最重要的。九尺之台，起于垒土，没有一种规范化地做好具体小事的能力，当然不能成就大事，成为大师更是一种妄想。在这个阶段对他们进行较严格的要求，甚至像管理军队一样强调一些细枝末节是切实可行的。不过，当你发现有人已经具备了成为尖子生的潜质时，你的思路就该适时调整了，就像杨过已经学贯百家，应该参一参独孤九剑了。

所以，到了这个阶段，我们老师对稍微特殊的几个人的任务是：让一个聪明的孩子更具智慧，让一个知识丰富的孩子更具智识，让一个技巧丰富的孩子大巧若拙，总之，让他们领会"独孤九剑"，助他们登上高峰。

人在江湖，先学使剑，先有剑客，后有大师。比如，你只是一个语文老师，并不深谙教学之道，但学生的素质是一个综合有机体，无论文理，都是由他对多门学科的领悟能力构成，学生高考总分好几百，而不是一百，无论哪一科出现纰漏都影响到他最后成为尖子，成为大师。具备尖子生素质的人大都在每一专业领域独占鳌头或运转自如，他们都是强者，而这些强者绝不是从速成班里走出来的，十天半月，一个学期，甚至一年半年的封闭集训之类，都快把人窒息死了，怎能培养出大师级人物。一个真正的尖子，他一定是最通人性的，可能在性格上千姿百态，或张扬，或内敛，但他一定是最生动、最艺术的，它是上帝的杰作，一定万分可爱，值得你多看一眼，他可能好得可爱，调皮得可爱，甚至是"混蛋"得可爱。

所以，我把尖子生的培养看作一个长期的过程。何谓长期？我以为，最起码是三年，在这三年的高中生活里，你要一步一步慢慢走过，你不仅仅是个学生，你要像少林武僧那样挑水担柴，也要像他们那样感悟山水，你要像一个由少年走向青年、成年，由幼稚走向成熟的人那样，经历三年，而不是仅仅把它划归为一张时间表，你的各科素质就会在细水长流中愈加显露，愈加峥嵘，你也就慢慢成器。所以我反对那种"一年适应，两年上路，三年冲刺"之类的口号，把孩子的灵性全糟蹋了。打个比方：一万米跑，你前三千米用来散步，中间三千米改竞走，然后一下子冲刺，累不死才怪，孩子们早就烦了。

所以，我的观点，高一太重要，高二最重要，等孩子们走过后会发现，他握剑的手，在三年前握上去的那一刻，就已经定型了。

为师者尊，只有好师傅才带得出好徒弟。我们来设想一个情景：

某科老师发现了一个优秀的学生，非常喜爱，而这个学生突然发现自己也欣赏自己的老师，好了，青出于蓝，必然的。一段时间之后，该生发现自己同样欣赏自己另外一个老师，那好了，它可以成侠了。又一段时间，他发现自己大部分的老师都很可敬又很可爱，好了，他离登峰造极不远了。

这个梦想剧场的前提是，有好的老师，而且他们要始终在一块。求学半途而更换师傅是多么残忍的一件事情！

单论老师的素质是一个很庞大的话题，在这里只谈一点。好的老师一定是一个善于发现学生优点和缺点的人。尖子生也存在着或多或少的缺点，况且人都是肉眼凡胎，穷其一生精力也不够，大师也是在最适合自己的一方面成就伟业的。好的师傅，应该能够慧眼辨识自己的徒儿适合继承哪一方面绝学，绝学到手，剑走偏锋才有所凭依，就像《射雕英雄传》中的郭靖，忠厚老实练功不偷懒，最适合学降龙十八掌；而老顽童古怪精灵，就喜欢动个脑子，于是练起了左右互搏。

——发现学生是老师必须做到的。

当老师具备了慧眼识英才的素质，师生关系融洽，求学习武之道也就进入了良性循环，这时学生与老师也就难舍难分了，此时更换老师，或者名义上以"更优秀的老师"来代替师傅，是否可行？要知道经过一段时间的磨合，师生建立起的这份恩情是最珍贵的，师者为父，而最具战斗力的当然是父子兵，相对频繁地更换师傅，要建立一种亲密的师生情谊就会略有难度，同时给予老师用来充分观察与理解学生的时间与机会也就偏少，徒弟的剑术怎能精良？而且，在优秀弟子的成长过程中，发现他某一方面异于常人的禀赋也需要时间，"倚剑云霄对月磨"，"宝剑锋从磨砺出"，找到一个点，然后去突破，不仅仅是学生的责任，也是老师的责任。

所以，尖子生是否得以浮出水面，依赖于老师的素质，依赖于他本人"暴点"的突破，也依赖于师徒之间风雨同舟的相互偎依，因为这是一个长期计划的执行，也是一个严密复杂程序的不断完善。

具备了做人应有的完整而又丰富的性格，又具备了成就伟业的良好的师徒关系，同时又发现并明确了适合自己的绝学究竟在哪里，对尖子生来说，剩下的问题就是如何去实现了，去实现剑侠之梦，去成就大师情怀。我们现在看一看，你已经具备了哪些素质：丰富的知识储备，规范的学习能力，健康鲜活的人性，对某学科的痴迷，等等。你看上去已经是一个很优秀的尖子了，但你似乎还缺少一点东西，你需要继续学习。

在这里岔开一会儿，说一下分班问题。很多学校，可以说是大部分学校，都存在着在高二年级分班的现象，文理尚且不论，我认为文科和理科思维方式略有区别，分科有利于特定学生的选择性发展，不至于因为某些天才或者后天之才因为一科不通，或专通一科而贻误终身。但是，对于实验班的单独重组，我总觉得值得商榷。在实验班里听课，我总感觉严谨有余而精彩不足，气氛很不活跃。联想到尖子生的问题，我觉得，江湖上的大师往往都是善学之人，他不仅会宗师级的功夫，也会一些奇淫技巧、旁门左道之类，江湖上多的是奇人异士，他们都有可资学习的优点，而大师不同于庸人之处就是，他可以把这些搬不到台面上的东西化为自己功力的一部分，去其糟粕，取其精华，甚至改变其性质，把本是消极的东西变为积极，使残枝败絮变为金枝玉叶。

所以说，一些整体学习并不是很在行的学生，其身份就类似于那些江湖术士，灵动、诡异，在某一方面思路开阔，只不过因为基础或者追求上或者性格上的问题，使他们不能成为尖子，但尖子生完全可以从他们身上学到很多东西，充实自己，提高自己。而在实验班中，如果风格差异很大，个性突出，当然可以激发创造力，但是，实验班很容易出现的一种情况是风格类似，死水微澜的情景是容易诞生大批量的优秀人才，而不能产生大师，这就是差距。一个尖子生的继续学习，就是要不断地汲取各类人群的养分，创造性地变为自己的东西，内化为自己的组成部分，如此才能战无不胜。

论题为"剑走偏锋"，实则探讨的是剑法，也就是一个尖子生的成长历程。尖子易得，尖子中的尖子难求。培养尖子生是一个系统的工程，不对潜在的尖子进行培养，我们损失的就不仅仅是个优秀学生，而是一个大师，甚至有可能是可以改变格局的伟人，此话非虚，教育本来就是创造明天的一项工程。所以，丢弃浮躁，静下心来，给孩子们感觉，让他们出手便是锋芒，让他们决胜峰巅。

注重批评的艺术性

在对尖子生的教育管理工作中，批评也是班主任做好工作的重要手段之一。不过，批评会对尖子生的情绪、感情、心理、行为产生直接的影响，因此只有适时、适度、有效的批评，才能起到鼓励、鞭策尖子生更上一层楼的作用。

因此，班主任必须掌握必要的批评技巧。

有这样一个案例：

我班的李同学是个尖子生，数学成绩尤其好，但较自负、贪玩，在月考成绩下降时，却不以为然。有一次，我抓住了他犯的一个小错误，批评了一顿，但我发现他并不诚心接受，他的不高兴全写在他的脸上。当天晚上，我找他深谈了一次，自认为走进了他的心灵世界，但他的强作微笑，显然是在敷衍我。夜深了，我辗转反侧，为我教育方式的不成功而不能入睡。第二天，我决定冷处理，表面上采取了不闻不问的方式，实际上我在观察他，发现他学习心不在焉，后来有老师反映他作业马虎，此时如果采取批评的方式，可想而知，收效甚微，甚至适得其反。于是我通过表扬大批同学的学习态度、学习品质、学习效果，并且大力表扬他周围的同学，表扬和他相处最好的同学，并且引用其他教师的话进行大力表扬，直到我用目光扫到他的脸上发现他的脸红得很厉害为止。果然他"心动"了。以后的几天，他学习踏实，进入良性循环的轨道，我看在眼中，喜在心上。终于，我看到了他对我真诚的微笑。期中考试他重新进入了年级前十名。

众所周知，尖子生是教师的宠儿，是学生心中的英雄。教师喜欢尖子生是十分自然的，但他们即使天生是块"美玉"，也同样需要教育者的精雕细琢才能成器，而批评无疑是精雕细琢的"武器"之一。

那么，在必要的情况下，该怎样批评尖子生呢？

注意批评的场合与时机

一般来说，批评尖子生应根据其性格特点，选择不同的批评场合和时机。对于自尊心和独立性较强的尖子生，教师和班主任一定要选择恰当的批评时机和场合，才能达到教育目的。对于那些一时不能正确认识自己的错误、比较固执的尖子生，可以适当在办公室进行批评，借助其他教师言论的旁敲侧击，使其及时认识并改正自己的错误；对于自尊心很强又"爱面子"的同学，则应以单独聊天的方式进行批评，创造一种轻松和谐的气氛，让其在与老师平等交谈中认识到自己的错误；只有被批评的错误具有代表性，批评一人可以教育全班学生时，才可公开批评，起到对全班同学"敲警钟"的作用。另外，对于尖子生缺点错误的批评应随机进行，切不可等错误积累到一定程度才采取措施，应随时发现，随时批评。

点到为止

对于自尊心很强，自觉性和悟性较高的尖子生，批评尽量不用激烈的言辞，也不能啰嗦不休，只须指出问题，点到为止。比如：

我班有名女尖子生和别班一名学生发生早恋，还经常以学习为名到他班闲谈，影响很不好。该女生自尊心较强，我找她谈心："学生的天职是学习，只有在学校学好知识，将来才能立足社会，如果在校期间因为不应该的事情耽误学习，可要懊悔终生啊！"这个女生当时脸红了，只说："老师我明白了。"从此，早恋终止了，她成了我班学习最刻苦的一名学生。

以鼓励代批评

对一些心理承受能力较差的尖子生，一般宜通过鼓励达到批评的目的。使他们从鼓励中发现不足，看到希望，增强信心。比如：

我班一名班干部，工作一直积极主动，做得很不错，并深得老师赞许和同学们的认可。但有一次，他因为意外的原因，在组织一次全校性的班级活动时，搞得很糟，部分同学对此表示不满，该同学就此背上了思想包袱，工作再不像原来那样积极、主动、热情了。我找他谈话："你以前的工作成绩大家是有目共睹的，但不能因一时的失误就失去信心，只要今后在工作中更认真、细致，你就会取得更好的成绩。"从此，这名尖子生又开始积极主动进行班级工作，成效一直不错。

因人、因势施批，有的放矢

批评尖子生方式方法的选择，要根据当时的具体环境和尖子生的个性特点、情绪状态及承受能力而定。例如：必须当场提出批评的，应及时批评；事态不严重的，事后提醒；尖子生已认识到个人的错误，且处于自责状态的，应用委婉的语气批评或事后批评；尖子生自认有理，且处于抵触情绪强烈时，应避开正面严厉批评。批评尖子生还要考虑其个性特点，不同性格的尖子生对批评的反应往往不一样，承受能力也不同，必须因人而异。例如：对于有惰性、依赖心的尖子生，宜用较尖锐，语调较激烈的措词，但绝不能讽刺挖苦、肆意辱骂；对于自尊心较强的尖子生，宜用对错误不"和盘托出"，而是逐步传达出批评信息，使对方逐步适应，逐步接受；对于盲目性大、自我觉悟性差，但易于感化的尖子生，宜借助他人的经验教训，运用对比的方式烘托出批评的内容，使被批评者感受到客观上的某种压力，促其自我反省；对于脾气暴躁、性格倔强、容易激动的尖子生，宜以商讨的方式，平心静气地使其在一种友好的气氛中自然接受批评意见；对于善于思考、性格内向、各方面比较成熟的尖子生宜将批评的信息，以提问的方式传递给他们，尖子生自然就会意识到，并加以注意。

批评有针对性，收效才会大。老师在台上大讲特讲，但讲得大，讲得空，一般学生摸不着头脑，犯错误的尖子生也不怕，还是我行我素，批评就难以达到应有的效果。批评要有的放矢，就是指批评要针对具体的人和事，批评要带有明确的目的，点明改正的方向。

把批评变成阳光雨露

在一般人看来，老师对学生的批评肯定是"苦"的，而且正因为"苦"，被批评的学生才会屡屡产生抵触情绪，致使批评的效果大打折扣——此即批评的"负面效应"。

但是，也有一些老师很聪明，他们总能把批评变成阳光雨露。

请看下面这个有趣的例子。

有一次，几个属鼠的男生在期中考试中考了满分，挺得意，有一点飘飘然。他们的班主任发现了，就对他们说："怎么？得意了？你们知道得意意味着什么吗？请注意今天下午的班会。"那几个学生一听，猜想，糟了，在下午的班会上，等待他们的准是狂风暴雨！可奇怪的是，在班会上，班主任的批评却妙趣横生。他是这么说的："树林子要是大了，就什么鸟儿都有；自然，天下大了，就什么老鼠都有。我就听说过这么一个故事。有只小老鼠外出旅游，恰好两个孩子在下兽棋，小老鼠就悄悄地看。不久，他发现了一个秘密，这就是，尽管兽棋中的老鼠可以被猫吃掉，被狼吃掉，被虎吃掉，却可以战胜大象，于时立刻认定，它是真正的百兽之王！这么一想，小老鼠就得意起来，从此瞧不起猫，看不起狗，甚至拿狼开心。有一天，它还大摇大摆地爬到了老虎的背上，恰好老虎正在打瞌睡，懒得动，就抖了抖身子。小老鼠于是更加得意：瞧，把老虎都吓得发抖了，没错，自己肯定是大王！它这么一得意，便趁着黑夜钻进了大象的鼻子。大象觉得鼻子痒痒的，就打了个喷嚏，小老鼠立刻像出膛炮弹似的飞了出去，然后扑通一声掉在了臭水坑里！好，现在就请大家注意一下'臭'字的写法，一个'自'，一个'大'，再加一点，就是'臭'。有趣的是，咱们班有不少属鼠的同学，那么，这些'小老鼠们'是不是也会掉到臭水坑里呢？我想，要想不掉进臭水坑，必须有一个条件，那就是永不骄傲！"说到这，这位班主任还特意看了看那几个男孩子。那几个男孩子当然明白，老师的批评，全包含在那个有趣的故事中了！他们挺感激，很快改正了自己的缺点。

我国著名心理学家、教育家林崇德教授认为："表扬是爱，批评也同样包含着对学生的爱。"有些学者也认为："过度的严厉会造成恐惧，过分的温和会有失威严。不要严酷得使人憎恶，也不要温和得让人胆大妄为。"相信在教师和班主任的共同努力下，尖子生的成长会更健康，祖国明天的花朵会开放得会更灿烂。

巧借"他山之石"，给尖子生以动力

许多教师在谈到给学生以动力的时候，大多面对的是全体学生，部分针对的是学习有困难的学生，却没有专门针对尖子生的。这不免让人有点儿替尖子生抱屈。

其实，在日常的教学过程中我们发现，尽管大多数教师的确对尖子生给予了并正在给予着过多的偏爱，对他们的成绩投入了过多的关注，尖子生确实也领受着别人加诸在身的种种关怀，且他们的成绩也确实在众人的关照下一直名列前茅……

但是，这并不能说明在尖子生的成长及学业上就不存在问题。在教学实践中我们容易遇到两种在学业上出现不同情况的、比较典型的尖子生。

（1）我们暂且称为"间歇性自我否定"型。这样的尖子生表现出来的特征很明显。原本充满自信的他们，在某一时期，突然出现成绩不稳定现象，情绪也相对低落。这主要是由于过度的焦虑造成的，带着这样的情绪参加考试，成绩当然不会理想。于是，许多孩子就错误地以为是自己退步了，情绪愈加低落。如这个时候不加以正确的引导，形成恶性循环，后果不堪设想。实践中发现，越到最后临考时的冲刺阶段，越是这种现象的多发期。那么这个时候，就要求我们的老师多找这样的孩子谈谈心，更重要的是，帮助他们找到成绩波动的真正原因，再加以言语方面的激励与肯定，一般问题都会得到解决。

（2）称之为"高处不胜寒"型。顾名思义，这样的学生，成绩当然是尖子生中的领军人物。当成绩长期处于一定高度时，他们当中的某些人就发生了变化。变化也大体可以分为两类：一种是沾沾自喜，不知身在何处；一种是茫然不知路在何方。第一类人，问题就出在他太自我感觉良好了，他需要的是一点点儿小挫折、小刺激。对这样的学生，我们不应采取直面批评的方式，因为在他自我感觉这么好的时候，批评是一点儿用也不会有的，他根本就听不进去，弄不好还可能造成他的逆反，跟老师对着干，那可就麻烦了。所以，我们采取的方式应是"借他山之石"。

请看下面这个案例。

记得一年前，就有这么一个学生，他排名全班第二，年级成绩前五，自我感觉好得没话说。尽管还有一个多月就要中考了，但他上课时却仍然只听老师讲解部分，练习时觉得自己会了，从来不做，甚至也不会自学、进行拓展，让我们这些当老师的急得没法儿。许多老师正式、私下跟他谈了多次，让他改改这个毛病，效果均不明显。一天我上课的时候，他毛病又犯了，记完了该记的东西之后，就开始犯起了多动症，玩玩这儿，碰碰那儿，哪像一个马上就要初三毕业参加中考的学生啊！头痛，是我的第一感觉；无力，是我的第二感觉……无意中，我冲着他随手指了一下那个班级排名第一。年级亦是第一的孩子，然后又指了指班级排名第三的孩子。嘻，奇迹出现了——他随我的手指逐个看去后，脸上的表情发生了变化，先是吃惊，接着是越发的凝重……然后问题也就解决了。以后再上课时，不用我再提醒，当他又坐不住时，自己就会下意识地去看看那两个他最在意的对手在做什么，斗劲儿可足了。中考时，他如愿以偿地被二中录取。

第二类人，问题出在没有方向上，感觉自己似乎已经走到顶点，不知道下一步应该干什么。出现这样问题的学生主要是因为学习失去目标，你只要帮他适时地再制订一些可以"跳一跳，够得着"的学习计划，让他再有一个可以冲刺、努力的方向即可。

总之，无论是对尖子生还是对后进生，无论我们采取何种方式加以

激励，我们的目的只有一个，就是让我们的激励可以化为他们的动力，帮助他们无论是在学业还是生活的道路上，走得更远、更好。

有效发挥共生效应

自然界中有这样一种现象：当一株植物单独生长时，显得矮小，而与众多同类植物一起生长时，则根深叶茂，生机盎然。人们把这种现象称为"共生效应"。其实，这种现象在我们人类当中也存在，英国"卡迪文实验室"从1901年至1982年先后出现25位诺贝尔获奖者，便是一个"共生效应"的杰出典型。根据这一原理，在尖子生培养上应培养造就一个尖子生群体，形成优生优培的良好氛围，形成群英荟萃的精英班或实验班，形成比学赶超、群雄逐鹿的氛围。

教师应该利用学校为包括尖子生在内的学生举办的各种学法交流会等契机，通过教师的介绍和评论，让班级的尖子进一步认识其他尖子生的优点、特色，包括其他年级和其他班级的尖子生、以往毕业的尖子生的学习方法和作风，使其思想发生碰撞，为发展注入新的动力。

比如，一位王老师就是这么做的：

A同学的习题笔记、最后一次模拟考试的失利和奋发，B同学的志向和投入，C同学的善于思考和总结，其他某些优秀学生在学法上的利与弊，等等。尽管有的学生发言显得不那么生动、具体和连贯，但是我仍然引导大家在交流会上注意领会其发言的实质和闪光点。在学习总结的班会上，我也往往过问甚至亲自安排尖子生的发言人选和侧重。主要是对其他尖子生提供激励和借鉴的条件，并且对发言者坦诚和无私的精神予以充分肯定，并要求他们多相互交流，提出和分析问题，互相取长补短，营造一种互相竞争、互相帮助、互相促进的良好氛围。

尖子生对班级形成浓重的学习风气、对学生探索良好的学习方法有着潜在的作用，对尖子生，我们总是力求让他们发挥榜样作用的同时，再发挥辐射作用。其中座位问题也值得研究。有的教师将尖子生分散，安排尖子生与后进学生同桌，但觉得弊大于利，后来基本上安排水平相近的学生同桌，前后座尽量安排相对后进的学生；个别尖子生虽和水平略差的同学同桌，但前后座尽量另有尖子生，这样或许尖子生更能互相激励和借鉴。对后进学生来讲，平日学习不会过于焦虑，同时不影响他们课下请教问题。

除此之外，我们不妨再看看下面的做法。

2001年1月10日上午8点，北京一中实验部五年级的同学们在教室里兴奋而又不安地等待着一场不寻常的期末数学考试的开始。本该作为考场的教室失去了应有的肃静，同学们几个一堆儿正在叽叽喳喳地说着，不时还翻开书本或拿着笔在纸上写写画画。这时，教师走进了教室，教室安静下来。教师宣布了考试要求：将全班同学中的尖子生和普通学生混合编组，每组一张试卷，在试卷上写清班级、组别及小组全体成员姓名；每一大题选做其中一组小题，全组合作完成，时间不得超过20分钟；20分钟后，以小组为单位交换阅卷，阅卷组负责给出成绩并签署全组同学姓名；被叫到的小组到贴有"数学考场"的教室进行口答测试及实践操作检查。

20分钟后，第一组同学走进了"数学考场"，首先见到的是坐在标有"考评组"标签桌子后面的本班同学；再环顾四周，墙壁上挂满了各式的题目——有的标着"口答题"，有的标着"操作题"，有的标着"同学自命题"。除此之外，黑板上还醒目地写着这样两句话："考试——主动求知的过程；考场——合作学习的乐园。"这时，考评组的一名同学手捧一个装有纸签的盒子走过来，热情地让同学们抽题。题目确定了，是一道口答题，全组同学马上进入状态，齐心协力、发扬团队精神开始研究攻克难题。准备时间到，考评组的另一位同学再次请同学们抽签，结果是那位抽到了"相信我自己"的同学在其他同学"我相信他"的目光鼓励下走上了讲台，代表全组同学完成这次口答测试。测试过程中，答题同学细心答题，小评委们认真倾听，偶尔还会提出小问题以征询更完备、更令人满意的答案，之后当场研究评出这一组同学共同拥有的考试成绩等级（优、良、及格、待及格）。

接下来，第二组、第三组……依次下来，有的组思维敏捷、语言表述流畅，直令小考官们为之拍手祝贺；有的组却被考官们追问得卡了壳、慌了手脚；还有的组近乎"离奇"的解题思路及高深莫测的语言表述，着实令考官们费了一番脑筋，还真把考官考住了……一场考试下来，被考的人减少了以往参加考试时惯有的紧张，第一次在考试时体验到了与人合作解决问题的喜悦。考人的人在体会优越感的同时却平添了一种被考的压力。两天后，同学们再次走进原封没动的"数学考场"，开始了由同学们自己设计、主持、参与的考试讲评活动。一位原以为胜券在握却意外失手的同学，讲述了自己失败的过程及失利原因——没能发挥全组同学的积极性、配合不默契、没有合理地利用时间，之后正确地解答了那道难题，赢得了同学们赞赏的掌声。考试结束了，同学们拿到了一份考试成绩汇报单，上面记录了平时个人成绩和期末合作成绩两项内容。可同学们通过这次考试收获的又岂止是这份汇报单上的这几个优与良呢？这对培养他们的团结合作意识肯定是大有裨益的。

实践证明，"单苗培植"，拼命抓某个学生的方法难以奏效，"水涨船高"，在大面积的"高产田"里方能培植出好苗子。

总之，在尖子生培养中，如何更有效地发挥班级的"共生效应"，值得重视和探索。

让尖子生学会合作

在我们的周围，常常有这么一个群体，由于成绩优异，我们称之为"尖子生"。他们常常是教师骄傲的对象，由于他们在许多方面都不需要老师操太多的心，因而老师也最容易忽略在某些方面对他们的关注。在小组合作学习中就有这样的例子，更多的时候是老师去关注学困生的情况，而忽略了这类尖子生。

其实，仔细看看我们的小组合作学习，许多尖子生往往在合作中并没有真正进行合作，也不会进行合作，其表现为：不会倾听，随意打断别人交流；唱独角戏，个人意见代表集体意见；不会评价，经常伤害同学；等等。

在倡导"自主合作探究"的学习方式的今天，我们有必要重新审视一下小组学习中尖子生是否发挥了他们的优势作用，是否真正合作，使小组合作真正有效地开展下去。

我们来看一个案例：

小威是我们班上的一名尖子生，该生头脑灵活，思维敏捷。学习自觉性强，能自觉地复习，自觉地预习，查阅各种资料，喜欢看课外书，因而视野较为开阔，学习成绩一直名列前茅，他是我的重点研究对象。今天在执教《阿里山的云雾》一课时，我让学生就"作者为什么会产生莫名的惊愕与喜悦？"这一问题展开小组合作学习，我一宣布开始，学生合作小组就行动了。照例是小威发言，他对课文把握得很准，在我巡视时，他正在小组内说得头头是道，说完后，他向其他同学露出得意的神色。接下来该他们小组小海发言，由于该生平时成绩一般，知识面要窄些，因而思考问题没有他那么全面，发言时结结巴巴，可能没有表述清楚，这时小威大声地冲着他吼道："你说通顺点嘛，结结巴巴的。"过了一会儿，他又大声地对小海说："这么简单！我早就想到了！"弄得组员小海满脸通红，不敢再多发言，除小海外，其他组员在发言时情况也大抵如此。结果最后小组汇报时，我发现他发言的内容和之前个人的意见是一样的，根本没有其他组员的意见。

从该生的言行上，我们可以明显地看出：

该生尽管学习成绩优异，但缺乏合作意识。究其原因，是由于他是家里的独生子，集父母、长辈的宠爱于一身。久而久之，他习惯把自己排在第一位，养成个人为中心的思想和做事习惯。缺乏集体荣誉感，没有意识到合作的重要性和必要性，凡事想到的总是自己，争强好胜，把合作学习变成了自己个人的"练兵场"，所谓的小组意见其实就是他个人的意见。

该生虽然能交流，但缺乏合作精神。首先，该生不懂礼貌，倾听时随便打断人家的发言；再次，该生不会交流，对他人的发言，不是抱着互相帮助，共同学习的态度，而是为了出风头，认为他人的总不如自己的，讽刺别人，不善于欣赏别人的优点，喜欢抓人家的小辫子，不能正确地对待、评价成绩差的同学，甚至贬低后进生。

首先，让该生养成合作的意识。课后，我有意识地为他设置了需要几个人才能完成的事情让他一个人完成，逐渐地让他明白了集体力量的强大，并对他指出，小组合作学习强调的是小组成员集体的力量，每个组员都应该与其他组员"荣辱与共"，共同努力探索问题，共同解决问题，还让他明白，小组合作学习不是简单的几个人凑在一起表述自己的意见，而是在交流中碰撞，碰撞中启发，从而发挥集体的力量，高效地完成任务。

其次，让该生掌握合作的技巧。要求他尊重别人的发言，听后做补充或修正发言时要大方、有礼貌，会用"我对某某发言有补充或有意见"，"我想……"这样的语言；不能随便打断组员的发言，如有疑问，等组员说完了再问；在交流时，不应抓人家的小辫子，应本着帮助同学，共同进步的想法，使小组合作更有效地开展下去。

合作是一种方式，一种手段，最终是为了培养孩子的合作意识，培养他们倾听、交流、协调等方面的能力，更好地促进孩子的成长。尖子生是学生中的一个重要组成部分，也是我们最容易看见，也是最容易忽略的一个群体。

我们在关注学困生的同时，也要留心尖子生，关注他们在小组活动中的行为意识。既然我们的小组合作学习倡导的是一切孩子的发展，尖子生在合作中也理应得到进一步的发展，我们应该看到他们身上的闪光点，同时又不能"一俊遮百丑"，在小组活动中放任自流。

对于尖子生，教师要指导他们的合作方式，培养他们的合作技能，进一步在小组合作学习中发挥他们的优势，让我们的小组合作学习更有深度，更有成效。

非智力因素的培养更重要

有位中学教师曾说过，作为一名教师，特别是作为一名班主任，最大的喜悦和成就莫过于看到自己班的学生能考上全国著名大学，尤其是北大、清华，那种喜悦的心情是难以用语言形容的。

我认识的一位王老师就是这样的人。从1996年到2001年，他担任了三个班级的班主任，班上尖子生众多，从自己班考入全国著名大学的学生不下80人，仅清华、北大就有5人。

王老师每每看到自己的学生取得如此优异的成绩，兴奋之情便溢于言表。世上还有什么事情比看到自己的学生走进清华、北大能更让人兴奋的呢？作为一名教师能有这么多出色的学生，他很知足，就是再苦再累也感到无怨无悔。

那么，王老师是怎样成功的呢？他培养尖子生有没有什么秘诀呢？

王老师曾在他的博客上这样写道：

回想他们的成长经历、反思自己的班主任工作，多多少少也感悟出了一点点在尖子生培养方面的体会和经验。

16岁就考入清华的李同学曾经这样说过：高中时家中经济条件不太好，这使我瞬间长大了许多。那年我13岁，开始懂得了什么叫作责任、什么叫作义务、什么叫作生活。我永远记得高一第一次期中考试我得了班内第二名，爸爸拉着我的手围着院子欢呼雀跃了好几圈，妈妈的笑容也很不一般。那一次比我以后得的任何一个第一都重要，因为他告诉我，拿个第一让父母为我而高兴！她说，高中的我生活很朴素，因为我知道父母已为我负担了很多，一点点的奢侈就会让我感到良心不安。那时正长个子，一顿竟要吃很多，但只要有馒头、有咸菜我就很知足，很开心。因为精神让我愉悦——那是我更追求的。我就那样衣着朴素的走在校园的路上，很踏实，我从没羡慕过别人什么，也不会抱怨什么，因为我知道我自己就做得很优秀……读到这里我想大家都已明白：要成为一名尖子生——丰富的情感、健康的心理、执著的追求、强烈的责任感和竞争意识比智力更重要。教师要想使学生成才，非智力因素的培养至关重要！

所以，担任班主任几年来，在尖子生的培养方面，王老师着重做好了以下几个方面的工作。

学生责任心的培养——前进的无穷内动力

王老师常对学生说，人之所以有别于其他动物，就在于他们有丰富的情感和强烈的责任感。特别是责任感，对所做的事要承担责任。作为一个社会成员，要为自己祖国的强大负责；作为一个家庭成员，要为自己的家庭争光；作为一名学生，要为自己的学校、班级和老师赢得巨大荣誉；而最最重要的是作为一个人的个体，应对自己的一生负责。人活着就要有所追求，否则怎么叫活一辈子呢！

考入清华大学的朱同学说："老师使我们明白了学习的内涵，它不仅仅是个人的事情，更重要的是一种责任。责任使我产生了无穷的学习动力，我把学习看成是一种追求，一种愿望，学知识是从愚昧走向智慧的途径，是为了使人生更快乐。"

王老师教的班很多同学都认为不仅要把学习看成一种追求、愿望和兴趣，更要看成是一种义务和责任，只有这样才可能成为一名优秀生。

李同学能走入清华同，不就是靠的一种责任么？

竞争意识和执著精神的培养——学习成果的保证

当今的社会是充满竞争和挑战的社会，培养学生良好的竞争意识和不达目的誓不罢休的良好意志品质，是把有益兴趣和丰富情感变成学习成果的保证！俗话说：有志者，事竟成。杰出的成功者，靠的不仅仅是机遇和智慧，还要有战胜挫折、克服困难的坚定意志。

96级高二文理分班时，武同学的成绩为全年级74名，大部分人认为这名同学潜力已尽，已没有提高的余地。但分到王老师班后，王老师对他讲："智力的好坏仅仅是其中的一个方面，更重要的是我们有没有敢为人先的霸气和执著的奋斗精神。具备了以上两点，我想你一定会学得最优秀。"就这样，半学期下来，在期中考试中，他达到年级前五名，而且参加全国数理化奥赛取得了突出成绩，在全市均名列前茅！这靠的就是他执著的奋斗精神！

要想具有强烈的竞争意识，执著的拼搏精神，就要学会控制自己。

（1）控制自己的时间，当我们能够控制时间时，就能改变自己的一切，我生待明日，万事成蹉跎，今日事必须今日毕。

（2）控制自己的思想，不能让自己漫无边际的胡思乱想，应该把注意力集中在学习上，排除干扰，让情绪处于最佳状态。

（3）控制自己的目标，当你确定好自己的奋斗目标后，就应该竭尽全力地为实现目标而奋斗。

（4）控制自己的行为，每个人必须对自己的行为负责。我们要把学习看作是一种责任，一种从愚昧走向智慧的途径。种瓜得瓜，种豆得豆，一分耕耘一分收获。要坚信，天道酬勤。

（5）克服自己的盲点，一般人之所以不成功，不仅是因为它有盲点，更重要的是他看不到自己的盲点。只有扬长避短，我们才能全速前进。

良好的学习习惯和科学的学习方法——走向成功的向导

在教学实践中，我们可以感觉到大多数学生智力相差不大，但学习成绩却相距甚远，甚至个别聪明者不及愚笨者。仔细想来，这种现象与学生的学习习惯、学习方法密不可分。作为班主任，有责任利用各种机会培养学生养成良好的学习习惯和科学的学习方法。一个学生要想超越别人做到出类拔萃，要做到三点。

（1）基础知识掌握得牢固、理解得透彻，对基本概念、基本规律不轻视，舍得在理解上下功夫，能从不同角度深层次地理解，这是"本"，必须牢牢抓住。用王老师的学生王同学的话说："老师讲一节课的内容我至少拿出两节课领会。这里的基础知识不能认为是上课老师在黑板上讲的东西，而是需要加入自己的理解成分，否则硬得来的知识是不活的。"

（2）知识运用要灵活，综合能力要强，融会贯通相关知识的区别与联系，形成完整的知识结构，注意一题多解、一题多变、多题一解的训练方法，能独立、灵活、创造性地处理一些不熟悉的或未见过的习题，另外要重视错题。用王老师的学生李同学的话说："看过我的笔记本、错题本的同学都知道，一般来说题后心得比解题内容占的篇幅要大，做完题没有体会还不如不做。"

（3）要留出充分的自习时间让学生自主学习。要实现上述两点，达到基础知识牢固，综合能力强，没有充分的自主学习时间是不可能做到的。所以，班主任要协调科任老师控制作业量，给尖子生留出大量的自主学习时间，让他们去自主探索，自我总结，自我提高，再辅以老师的适当点拨，成绩自然就会上去。

良好的学习氛围和优良的班风——酿造成功者的温室

王老师多次和学生讲，我们的班风应该是这样的：它有着一种特别的空气，这种空气就像雨后田野上的春风，清新温暖，沁人肺腑，令人振奋。那些想偷懒的学生一踏进教室就情不自禁地有所顾忌，有所收敛，时间久了就会被熏陶过来。

这种班风和氛围影响了学生，考入清华的朱同学说："我认为好的集体对个人的发展很重要。"市理科状元、省理科第三名李同学说："首先我们班有一个良好的环境，在这个环境下大家都非常投入，在这种氛围带动下你就会特别努力地学习。同时大家在一起共同切磋，相互交流，有时候可以迸发出一些火花！既有互相帮助又有互相竞争，这种氛围非常好，大家都会有大的提高！"

班主任的奉献精神——成功的催化剂

班主任的工作责任心，直接影响着学生的责任心和学习积极性。俗话说得好："身教重于言教。"做得好比说得好更管用，更能够让人心悦诚服。王老师在他的博客中说：

这一点93级同学最有感触。当时的三年正是我本科进修的三年，每天三节晚自习，我都在教室和学生共同学习！晚自习后，我到办公室继续学习。深夜学生起来上厕所，看到我的办公室亮着灯，他们知道班主任还在苦读，就会早早地起来学习，其感染力不言而喻。高考时该班有三人考入清华、交大等著名大学，而700分以上的考生占学校总数近一半。在带96级的高二和高三时，我正受到肾炎和腰椎间盘突出等疾病的困扰，虽然腰疼得厉害，但依然忘我地工作。班主任那股忘我的精神极大地激发了学生的学习积极性，99年高考该班有两人考入清华、北大，两人考入交大、同济，700分以上的人数在全校也最多。

现在，我仍然经常是早上第一个进教室，晚上最后一个离开教室，用实际行动感染教育学生。每当有老毕业生来信，他们的第一句话就是：老师，您的病好了吗？你要注意休息，保重身体呀！我想这就是对我付出的最好回报和安慰。

当然，培养尖子生还应注意多激发他们思维的创造性、质疑性、批判性，以开发学生的智力，同时定期召开学习经验交流班会，介绍学习方法。

总之，世上无难事，只怕有心人，只要我们全身心地投入班级管理中，就一定能培养出更多、更优秀的尖子学生。

第六章

避开尖子生教育的误区

针对教师对尖子生的教育出现的问题，需要教师用智慧的、有原则的、真情的爱来化解。教师不应该只因为分数就忽略学生身上的缺点和不足，不能失去原则，"爱"和"严"要得当，平均主义和完美主义均是不可取的……只有跨越尖子生教育的这些误区，才能有"得天下英才而教之，人生一大快事也"的感慨。

要教育孩子，先学会理解孩子

在网上看见这样一则案例：

中队长方同学，被全班评选为"三好学生"。可是她却沉默了。

我轻轻地搂着她，关切地问："被评上'三好学生'应该很高兴呀，你怎么会闷闷不乐呢？是不是出什么事了，我能帮你什么吗？"

她说："赵老师，您一会儿有空吗？我有事找您。"我把她带到了教师阅览室。

她从衣袋里拿出一封信说："赵老师，这是我爸妈让我交给您的信……"我接过信，说："我现在看行吗？"她点点头，同意了。

信是他爸爸前天深夜亲手写的。"赵老师，方×又说谎了。上周六，她居然瞒着父母，没去参加课余英语班的学习，和她的朋友到公园里玩了一个下午……人的品德是最重要的，看着自己的女儿再次说谎，我们很担心。为了给她留下深刻的教训，我们要求取消她评'三好学生'的资格。"

我说："你父母这样做，是在给你机会，让你勇敢面对自己的错误，并用行动改正呀，真是可怜天下父母心。我知道你把这封信交给我需要很大的勇气，可你还是坚定地迈出了这一步，所以我真的为你感到高兴！别怕，我相信你一定能改正这个缺点的，让我们一起努力吧！"她不禁流泪了。

晚上，我们全家来到方×家，对她的父母说："我今天不是来家访的。今天在学校看完方爸爸给我写的信，我为你们对孩子成长的高度负责所深深打动。我今晚带着爱人和孩子，是来向你们夫妇俩学习的。"

方爸爸满怀歉意地说："赵老师，一年前你曾为她说谎一事，来过我们家家访。我们也一起努力帮助她改正缺点。没想到她现在居然又……哎，上周我发现她又说谎了，还说得面不改色，心不跳……我们作为家长，真的很痛心，很失望……人的品格比什么都重要呀，像她这种情况，怎么能评'三好学生'？我们之所以要求老师取消她评'三好学生'的资格，是希望能通过此事，给她一个深刻的教训。我们没教育好孩子，面对你，我们深感无颜。"说完，我发现这个刚强的男人眼里闪烁着泪花。

我说："她现在还说谎，我也有很大的责任。我们现在要做的，是如何更好地让她改正错误。取消她的'三好学生'资格，对孩子的伤害太大了。如果我们能用积极的方式去处理这件事，或许对她会有更大的触动。""谢谢你为孩子的成长考虑得那么周到……"方妈妈说。

在一旁默默流泪的方琳再也忍不住了，她坚定地说："请你们相信我，这次我一定会彻底改正，做个诚实守信的孩子。"

我高兴地对她说："相信这张奖状已远远超出了它原有的意义。好好珍惜，为它争光吧！"

孩子而且还是尖子生说谎，家长和老师联合起来，把此事提高到道德品质的高度，又是写信，又是谈话，又是家访，动之以情，晓之以理，终于把孩子纳入了我们成年人希望的轨道。大功告成。

但是，我想问问家长和老师，你们为什么就不打听打听孩子为何说谎呢？

如果她不是说谎成性，如果她只在很少的事情上偶尔说谎，如果她说谎只是为给自己争取一点可怜的游戏空间，那我就可以说：这不是道德品质问题。各位不但小题大做了，而且可能是头疼医脚了。

有没有可能孩子负担太重了？双休日参加补课班，征求孩子意见了吗？

家长千方百计地迫使孩子"承认错误"，为什么不想想自己可能犯了更大的教育错误呢？

我见过不少出问题的中学生，在小学都是尖子生。他们在小学被负担压得喘不过气来，只是因为年龄小，不敢发作。到了中学，说什么也不学了。人家还不"说谎"了，索性坦白地告诉大人："我就是不想学，我就想玩！"多么诚实！家长、老师能怎样？唯有干瞪眼而已。

所以，在孩子小学阶段，不让他们有一定的时间玩，是非常外行和非常冒险的。这是在给中学埋定时炸弹！刘某小学、中学都是样板生，只会学习，从来没玩过，结果到了大学三年级爆发了，上动物园去玩了几回，用硫酸泼熊，引起轩然大波。他这是在弥补小时候没有玩过的损失。正因为他从来没有淘过气，所以他才不知深浅，他的这个行为其实是儿童行为。

所以，我每见到小学的优秀生，都有点忧虑。据我的经验，他们中的多数人，到中学成绩就会掉下来，因为他们浪费了很多精力来满足大人的要求，而没有发展自己的乐趣和天性。

我不是赞成说谎，我只是说，作为教育者，最重要的不是宣判说谎不对，然后让孩子承认错误，并保证改正（这些，恕我直言，都不需要什么专业水平，不需要动脑筋研究的），最重要的是分析说谎的原因和情境，然后决定如何对待。

教师没有取消这个孩子三好学生的资格，我认为是对的。但是总的来说，家长和教师的"教育"意识都过强了，而理解意识和研究意识则太弱了。为什么很多孩子长大一点对大人说的话就完全不理睬了？因为我们成年人从来都不想理解他们，他们已经把我们看透了。

因此，教育尖子生时，请三思。

关注尖子生的发展后劲

有媒体曾经刊登这样一篇报道：

1983 年出生的魏永康 2 岁时就掌握了 1000 多个汉字，在小学只上了二年级和六年级，1991 年 10 月，8 岁的魏永康就跳级到了县属重点中学。13 岁时，魏永康又以高分考进重点大学湖南湘潭大学物理系，成为当地公认的"神童"。2000 年，17 岁的魏永康考上了中国科学院高能物理研究所的硕博连读研究生。19 岁时，因生活自理能力太差，知识结构不适应中科院的研究模式被退学。2003 年 8 月，已经上了 3 年研究生的魏永康从中科院肄业回到了老家。2004年，魏永康曾经几度离家出走，最长的一次走了39天。几年光景，魏永康就走过了由"神童"到"泯然众人矣"的人生历程，演绎了一幕现代版的《伤仲永》。

无独有偶，曾被誉为"神童"的东北男孩王思涵，当年以14岁的年龄、超出分数线60分的优异高考成绩，考入沈阳工业大学自动化专业，2005年本应从大学毕业，却因为多门成绩零分，而被学校"责令退学"。王思涵从小聪明好学，小学三年级时就以优异的成绩考进东北育才中学少年班。王思涵入大学后的成绩却一直处于末流，大一时三门以上课程不及格，学校要求他在大二的时候重修大一课程。此后，其他学科也陆续亮起红灯。在毕业考试中，除英语外，其他学科他选择了弃考，由于仅有一科英语合格的毕业成绩，王思涵被学校"责令退学"。

教育界专家认为，智力超常的儿童跟不上大学进程多半是非智力因素影响。神童大多太脆弱，"成人感"与"儿童心"的矛盾造成人格分裂，导致性格内向，甚至出现偏执。王思涵在学校与老师、同学很少交流，父亲的去世更给他带来沉重的心理打击。他说，自从父亲过世后，他就学不进去了。只注重智力教育，使他的生活自理能力很差。魏妈妈说，为了让孩子专心读书，所有的家务事她都自己做了，包括给魏永康洗衣服、端饭、洗澡、洗脸。为了不耽误永康吃饭的时候看书，他读高中的时候，魏妈妈还亲自给他喂饭。中国科技大学少年班的班主任讲过这样一件事：一年秋天，气温一夜间降了10度，结果第二天，大部分孩子仍穿短袖衣服上学，冻得瑟瑟发抖。十几岁的孩子竟然不懂得天冷添衣。跳跃式前进也使少年大学生的知识结构出现缺陷，他们通常都是数、理、化冒尖，文、史、哲却很单薄。相对而言，前者容易"速成"，后者却往往要依靠一个人的生活阅历与心理成熟度。在魏永康的成长过程中，他的童年生活被人为地"割裂"了，除了学习还是学习，没有伙伴，没有课外书，也没有玩具。人生路上那些美丽的、欢乐的、悲伤的、复杂的、温暖的、坎坷的境遇，也统统与他"无缘"，而这些正是孩子健康成长所不可或缺的社会土壤。黄全愈博士在《素质教育在美国》这本书中曾经说过：如果把孩子比作一辆汽车，中国人往往急着往车厢里尽可能多地添加货物；

美国人则不大考虑载重量，而是让车子"顺其自然"地往前跑，并时刻注意给油箱加油，让车跑得更稳、更快，后劲更足……

广州市现代教育科学研究中心，对广州地区大中小学生千分之一抽样调查显示：52.3％的学生患有学习焦虑症，孩子们感到学习负担重、心理压力大、精神紧张和睡眠不足，其中66.7％的学生明确表示，对学校的学习竞争和成绩排位的做法反感。

长期以来，我国的中小学教育在巨大的升学竞争压力下，过分强调教育的选拔功能，把应试与升学作为教育的出发点和归宿，基础教育变成了大学预科教育，教育的重心发生了偏移。我们的课程仅仅关注认知性目标，而没有从生命全程的需要出发规划学生的发展目标，看不到他们潜在的能力、内在的积极性和发展的可能性；我们的教学过程往往只是以知识、智力、学习成绩为核心，而忽视了学生健康的体魄、纯洁善良的心灵、乐观豁达的态度、友好合作的交往和勤劳质朴的作风的发展与培养；我们的评价往往以学生的学业成绩作为唯一的尺度，而忽视了对学生能力及情感、态度与价值观的评价，严重地压抑了大部分学生的个性和创造潜能。我们的中小学生差不多是早上6点起床，晚上6点左右回家，10点左右睡觉，一切学习活动都是由学校和老师安排的，他们的学习压力和动力大多来自一种外在的约束、奖励或惩罚，严重缺乏内在的学习动力。过重的课业负担、单纯的接受性学习，压抑了学生的好奇心和求知欲，限制了学生的想象，扭曲了学习的本来价值，影响了儿童创造力的养成。如此培养出来的学生，其发展后劲不足也就不足为奇了。

1996年4月，国际21世纪教育质量委员会向联合围教科文组织提交《教育——财富蕴藏其中》的重要报告中指出："教育应围绕四种基本学习加以安排，可以说，这四种学习将是每个人一生中的知识支柱：学会认知，即获取理解的手段；学会做事，以便能够对自己所处的环境产生影响；学会共同生活，以便与他人一道参加人的所有活动并在这些活动中进行合作；最后是学会生存，这是前三种学习成果的主要表现形式。"因此，为了迎接新世纪的挑战，教育必需重新确定新的目标，树立新的理想。这种教育新概念必须重申一个基本原则："教育应当促进每个人的全面发展，即身心、智力、敏感性、审美意识、个人责任感、价值观等方面的发展。应该使每个人借助于其青年时代所受的教育，能够形成一种独立自主的、富有批判精神的思想意识，以及培养自己的判断能力，以便由他自己确定在人生的各种不同的情况下他认为应该做的事情。"

基础教育要能促进学生的可持续发展、赋予学生强大的发展后劲，这是学生一生成才的保证，是基础教育的主要职责。面对 21 世纪科学技术的迅猛发展和经济的全球化，为了培养在新时期具有良好素质和竞争力的新一代，我国正在进行新一轮基础教育课程改革。教育专家认为，基础教育是为每一位学生终身学习打基础的教育，不是终结性的教育，它的课程内容和要求应当是基础的、有限的和具有发展性的，不能被任意拔高。因而，课程要给学生的全面发展留有充分的空间和时间，应有利于学生自主、多样和可持续发展。

进一步明确基础教育的目标

要实现学生的可持续发展，我们必须明确基础教育的培养目标，这就是以学生的"德智体美"等全面发展为经，以"知识与技能、过程与方法、情感态度与价值观"三个方面为纬，以"创新精神和实践能力"为核心，让学生学会做人、学会求知、学会劳动、学会生活、学会健体、学会审美，使学生得到全面的发展。这是学生可持续发展的基础。

既要关注学生情智的发展，也要关注学生生理心理的健康

要实现学生的可持续发展，我们必须关注学生的身体健康和心理健康，让学生"具有健康的体魄和良好的心理素质，养成健康的审美情趣和生活方式"。基础教育应该让学生感受到生活的美好、人性的美好，让学生形成快乐、开朗、积极、乐观的人生态度；要帮助学生建立起与他人、自然、自我的积极的关系；让学生学会宽容，学会善待他人，学会珍惜亲情、友情，学会自我反省、自我超越和自我发展；引导学生珍惜我们生活的环境和自然资源，形成正确的价值选择，具有社会责任感，树立远大理想；要磨砺学生的坚强意志，这是学生可持续发展的保证；要鼓励学生在体验成功的基础上树立自信，这是学生可持续发展的动力。

要关注学生形成终身学习和发展的能力

要实现学生的可持续发展，我们必须关注学生终身学习的愿望、兴趣和能力。学生的知识基础仍然是必要的，但是学生学习基础知识、基本技能的过程应该成为充满主动性、创造性和情感体验的过程。我们不仅要注重基础知识和基本技能，更要关注学生学习的过程与方法，引导学生主动参与、亲身实践、独立思考、合作探究，发展学生搜集和处理信息的能力、获取新知识的能力、分析解决问题的能力及交流与合作的能力。培养积极主动的学习态度、学习愿望及良好的学习习惯，学生终身学习的愿望、兴趣、能力的培养和发展是比他们学到的知识更有意义。

要关注学生创新能力的培养

要实现学生的可持续发展，我们必须充分发挥学生的自主性，发展学生的个性，培养学生的创新能力。每一位学生身上的优势、智能是不一样的，学校教育要充分挖掘和展现每一位学生的智能潜力，满足每一位学生的学习需求，积极创设促使学生可持续发展的环境与空间。鼓励学生的个性发展，这是学生可持续发展的源泉；培养学生的创新能力，这是学生可持续发展的核心。

让步不能失去原则性

有些学生，因为成绩好，家长和教师在他们提出一些要求的时候，哪怕这要求是过分的或者无理的，家长和教师也总是迁就、退让。其实，这是非常不好的做法，往往会适得其反。

我们来看一个案例：

有个学生，曾经是班里的班长，非常聪明，就是爱玩游戏，成绩也因此下滑。为了玩游戏，他要求父母装宽带，因为电信部门的服务承诺是在12天之内上门安装，可他却要求父母在一周内令宽带到位，甚至为了促使父母做到，他说超过七天就不上学。结果在其父母的反复催促下，电信部门在第八天装好了宽带。可是因为有言在先，超过限期就不上学，那孩子始终不肯到校。班主任上门请他，他跟父母提出条件，上学可以，但是每天回家必须允许他玩游戏。父母没同意，他就以离家出走来威胁。半个多月过去了，该生还是坚持非要父母答应了他的条件才上学。他的父母也拿他毫无办法。

这孩子的做法，用老百姓的话说，就属于"犯混"了。

可是为什么他如此蛮不讲理，家长居然没有办法呢？

因为他点住了家长的两个"死穴"。

第一，我国几乎所有的家长，都在求着孩子上学，哄着孩子上学。只要孩子能上学，好好学习，家长可以忍气吞声，做任何的妥协和让步。

孩子明白了这个底细，就掌握了"核武器"（原子弹）：只要我用不好好学习相要挟，我就肯定能迫使父母给我买我想要的东西；只要我用不上学相要挟，我就能得到更多的好处。

第二，家长都不忍心看孩子吃亏受委屈。这本来是人之常情，但是过了火，心太软，就会被孩子利用：你不是怕我挨饿受冻吗？我偏不吃饭，大冷天不穿衣服，心疼死你！你不是怕我流落街头吗？我偏出走一个给你看。你不是就怕我没出息吗？我偏考个不及格给你！

孩子开始这样做，可能是出于一种逆反心理，但是他很快就发现，这样做颇有经济效益，能换来家长大大地让步。

孩子明白了这个底细，就掌握了"热核武器"（氢弹）。

我亲眼见到许多孩子熟练地使用这两种"大规模杀伤武器"把家长打得落花流水。

于是就成了这样：孩子越退步，得到的好处越多；得到的好处越多，就会更起劲地退步……甚至发展到"渴望堕落"的地步。

家长用亲情压迫孩子，逼子成龙；孩子的回应是用亲情剥削家长，敲诈你的钱财。一还一报。

为什么孩子会变成这样？

因为家长从孩子很小的时候起就为了自己的心理需要讨好孩子。孩

153

子做了一些本该做的分内之事（按时起床，不迟到不早退，注意听讲，独立完成作业），家长也当立功一样表扬和奖励。孩子无功受禄，久而久之，就会把自己本来应该做的事情看成是对家长的恩赐（我给你上学，给你完成作业），进一步看成讨价还价的资本，于是他就可以用退步换取好处了。

事已至此，家长和学校还有没有办法呢？

有。基本原则是：再也不能无原则让步下去了，否则孩子气焰会越来越嚣张。但是也不可以硬顶，因为这种孩子往往已经走火入魔，硬顶会出事的。

于是剩下的出路就是慢慢磨。我绝不随便答应孩子的要求，但是也不立刻拒绝，不完全拒绝。我和孩子讨价还价，拉锯战，慢慢磨他的性子，使他明白，他不能为所欲为。

有人用这个原则指导过不少家长，取得了明显的成绩，挽回了家长的权威，孩子不那么混了。

要准备打持久战。至于具体的做法，那要非常灵活，不是三句两句说得清楚的。

家长和教师要注意，孩子一般也有两个"死穴"。

第一个是，他没有独立的经济能力，这就使他所有的闹腾都具有外强中干的性质。家长不要怕。

第二个是，绝大多数孩子其实心里都明白，他不上学没有出路或者前途不光明。

家长如果能护住自己的"死穴"（别让孩子"拿住"），点住孩子的"死穴"，转变孩子还是有希望的。

学校老师怎么办？当孩子欺负家长正在收获好处的时候，你劝他上学是很难的（他正自以为得计），来了不久还会回去，上学已经成了他的筹码了。

教师这时严肃地对学生说："你不上学，是违反义务教育法的。如果不改，学校要处理。"这就行了。感动法恐怕没有多大用处。学校教师这时的重点工作并不是对学生本人，而应该是指导其家长。

爱学生，并不排斥严格要求

教育界有一句名言叫：没有爱就没有一切。这句话真切地说明了师爱的不可替代性。

如果说爱学生是教师的天职，那么爱尖子生就是教师的天性，这也无可厚非。

但，只有爱就够了吗？

远远不够。

教师的职责是"教书育人"。教师对学生的爱与关怀表现为通过各种努力，促进他们身心的健康发展，促进、指导他们高效率地掌握知识，发展能力，形成健全的人格和良好的品德等。所有这些，既依赖教师对学生的鼓励，也依赖教师对学生的严格要求。在我国文化中，有许多俗语都把教师与严格要求联系在一起，如"严师出高徒"。俗语中还有"打是疼，骂是爱，不打不骂是祸害"的说法。在日常生活中我们还经常可以观察到，当一个母亲责罚犯了错的孩子时说："要是别人家的孩子，你怎样做，我都不管！""管"是因为爱，没有爱，也就没有管的必要。因此，严格要求是教师的职责，是师爱的特殊体现。

因此，尊重学生，是教师爱学生的体现；严格要求，是教师爱学生的另一种体现。如果说没有尊重的教育是不完善的教育的话，那么，没有严格要求的教育则不是教育。对普通学生如此，对尖子生也不例外。

1. 严格要求，是学生学习动机的重要来源

学生的学习动机，依赖内在的求知欲，依赖教师有效的激励，但在学校教育中要求学生掌握的许多系统知识和技能，在学生没有接触之前，很难对知识、技能本身产生兴趣和动机。学生只有付出了一定的努力，取得了一定成就，尝到了学习的甜头，才有可能产生内在的动机。教师不能等到学生有了学习动机后再实施教学，要在学生尚未产生学习动机之前进行教学。心理学家奥苏贝尔指出："动机与学习之间的关系是典型的相辅相成的关系，绝非一种单向性的关系。"这就是说，动机以增强行为的方式促进学习，而学到的知识又反过来可以增强学习的动机。

严格要求，既给学生的学习制定了目标，又为学生在特定内容的学习上，应该达到的要求提供了标准，也为学生付出的努力提供了最初的外在推动力。用心理学的话说，在教学活动中，教师给学生提出的明确的、严格的要求具有信息和动机的双重功能，是教育教学活动顺利进行并取得预期效果的必要条件。

凡是有教学经验的教师都知道，当学生感受到一门课程的教师对其学习、行为有严格要求时，他们就表现出积极的态度；相反，当他们感到某个教师"好对付"时，可能出现更多的逃避行为。

2. 严格要求，是为学生道德认识和道德判断的发展提供标准和依据

培养良好的行为习惯和品德是学校教育的重要任务，也是教师最主要的职责。根据美国教育家阿尔伯格道德发展阶段理论，在个体道德认识发展的前两个水平，即前习俗水平和习俗水平，儿童道德判断的依据是由成人提供的。

处于第一阶段的儿童，判断是非的标准是行为是否不受惩罚。如果要问处于这一阶段的儿童"你这样做对吗"时，他可能的回答是"不对，因为我妈妈骂我了"，或者是"这样做是对的，因为我妈妈没有骂我"。

第二阶段，儿童判断是非的标准是行为是否受到奖赏。对于同样的问题，他的回答是"这样做是对的，因为我爸爸夸我了"，或"这样做了我爸爸不会夸我"。

9岁以后，儿童道德的判断依据成人的标准。由于进入道德发展的第二级水平，即习俗水平。这一水平由两个阶段组成，即寻求认可取向和遵守法规取向。其中，"寻求认可"的本质是寻求成人的认可，即成人认为正确的，自己就认为是正确的。这一阶段的学生已经形成客观的道德判断的标准，这个标准就是成人的判断。在学校教育条件下，学生依据的标准主要是由老师提供的。对这一阶段的学生来说，如果要为一种行为的对与错提供理由，他们的典型回答是："老师说了，这样做是不对的！"或者是："老师说了，这样做是对的！"只有到了"遵守法规取向"阶段，儿童才能够根据客观的规则，如道德准则、纪律或法律规定来判断行为的对与错。因此，在学生的道德认识还没有发展到高级水平之前，教师的严格要求是其道德认识发展的极为重要的依据。如果学生在学校

中不能从教师或学校的其他活动中得到关于判断是与非、对与错、善与恶、好与坏、美与丑等方面的标准，那么，他们就很难形成正确的道德认识和道德观念。

3. 严格要求使学生形成良好的行为习惯，掌握必要的规范和规则

尊重学生的一个重要内容是尊重学生身心发展的规律性，根据学生身心发展的规律设计教育和教学。对抽象思维还没有得到很好发展的学生来说，要让学生掌握一种正确的学习方法，形成良好的行为习惯，掌握一种正确的道德标准，讲大道理是没有什么意义的，因为那超出了他们的理解水平，甚至容易被学生看成是一种"爱唠叨"的毛病。在这种条件下，教师所提出的合理的、明确的、严格的要求就成为学生认知和行为的最主要的依据。即使在学生的认知发展水平达到高级阶段以后，许多道德认识要转化为行为，也离不开教师的有效指导。

因此，学生在学校里如果学不到应有的行为规范，他们就无法适应社会生活，如果没有掌握正确的学习方法，他们就无法高效率地学习，如果学不到科学的知识，他们就难以享受人类所积累的文化。总而言之，不管是学习中，还是生活中，规范和规则无处不在。在学生从未成熟向成熟的发展过程中，掌握这些规范，是他们学习的重要任务。来自教师的严格要求，是他们迅速形成各种行为规范的重要途径和条件。

在广西教育网上见过这样一篇文章：

爱而不严不是真正的爱。师爱有别于母爱，正是在于它突破了溺爱的圈子，把严格要求和精心施教有机结合，才使孩子健康成长，适应社会需求。举例来说，说谎并不是中国学生的专利，美国学校也不是真空，但美国人却把学校的作弊风当作"国家丑闻"来对待。美国德州品德教育研究所所长马尔基说："欺骗是一种习惯性行为，在课堂上撒谎的学生将来就会对同事、上司、妻子或丈夫撒谎。如果一个国家不珍惜诚实，把品德看作是无足轻重的小事，我们的社会将变得多么可怕！"所以，美国的学校和教师对说谎和欺骗行为深恶痛绝，敢于采取严厉的惩罚：在一次托福考试中抓获了50多名作弊者，竟然判处5年监禁并处以高额罚款。美国人在这方面的严厉，和他们对学生学习上的宽松，形成鲜明

的对照，是非观念，一清二楚。联想到我国当今到处泛滥的假货、假药、假酒、假唱，乃至教育界的假文凭、假课，这还不够发人深省吗？

确实值得我们深省。

4. 严格要求，是学生未来成功的必要条件

学生形成优秀的品质，获得成功，有家庭教育的因素，也与教师的严格要求分不开。

媒体上曾刊登过这样一篇文章：

严格要求锻造状元——访海南理科状元林源

学习好、人品好、爱运动、自控能力强、孝顺父母……提起理科状元林源，记者听到的都是一片赞美之辞。如此德智体全面发展的尖子学生，是如何成长起来的呢？记者在林源家里找到了答案。

到林源家采访，是一件很愉快的事。林源开朗健谈，彬彬有礼；林源的父母热情好客，通情达理。林源家里的陈设虽然比较简朴，但处处洋溢着轻松、友善的气氛。

1. 帮孩子辨别是非

林源妈妈卢秀芳告诉记者，他们家有两个孩子，林源的姐姐如今在外地上大学。每当看到有关孩子的报道，不管是正面的还是反面的，她都会记下来，然后在吃饭的时候讲给两个孩子听。讲完了还要给孩子们分析，报道中孩子的做法是对还是错。孩子们也愿意把心里话告诉父母，大家一起来分析。就是这样一点一滴地分析，让林家的两个孩子从小就明白了：什么是对，什么是错。

2. 严格要求，以身作则

林源的父母相信，身教重于言教，所以他们在严格要求孩子的同时，更严格地要求自己。

平时，一家人在一起总会分析，什么样的事应该做，什么样的事不应该做。父母认为孩子不应该做的事，会告诉他们，并给他们分析原因，孩子们总是很听话。反过来，孩子们认为父母不应该做的事，只要有道理，父母也会同样"听话"。

林源认为，大人们下班聚在一起打牌消磨时光不好，所以他希望妈妈不要去打牌。自从知道儿子的想法后，不管别人怎么叫，卢秀芳都不去打牌。有时哪怕只是叫她临时去顶替别人一会儿，她都坚决拒绝了。因为，她要做儿子的榜样。

3. 好孩子也要做家务

如今，很多家长对孩子的要求都是：只要你努力学习，家里的事什么都不用你做。可林家对孩子的要求却是：力所能及的家务，你一定要会做。

林源的父母认为，适当的让孩子做些家务，可以锻炼孩子，也会让孩子更懂事。所以，还在林源上小学的时候，卢秀芳就开始要求林源在家扫地。刚开始，林源常常扫不干净，他哀求妈妈："我扫不干净，我最怕扫地了。"卢秀芳坚决地告诉林源："一定要扫，让你扫地是想让你学会扫地，扫得多了就干净了。"事后，她会再把林源扫不干净的地方再扫一遍。就这样，林源从小养成了帮父母分担家务的好习惯，也学会了体谅父母。

小学毕业时，根据分片原则，林源被分到了海口九中，同时他也考上了海南中学初中部。但是，当得知上海南中学要另外交3万元时，深知家里经济并不宽裕的林源主动放弃了。林源对妈妈说："您放心吧，不管上什么学校，我都会努力学习的。"

3年后，林源再次考上了海南中学，没有让家里多花一分钱，圆了父母希望他上海南中学的梦。

林源是尖子生，但他的父母并未因此放松要求，而是通过对孩子和自身的严格要求，使林源从小就懂得了什么是对，什么是错，养成了替父母分担家务、体谅父母的好习惯。在教师爱的感染和精心培育下，经过自己的努力获得了学习的成功，成为海南高考理科状元。这个案例启示我们：

（1）严格要求是学生未来成功的必要条件

在孩子成长过程中曾经接受过的严格训练，经常被人们看作是一个人的多种良好品质和素养的来源。当时认为是"严酷的训练"，后来却成为值得自豪的经历。在多数情况下，当人们考虑一项重要任务的人选时，曾经接受的严格训练是一个重要的、值得依赖的内在条件。事实上，严格的要求和训练通常与自觉、自律、自制力、责任心、严谨、规范的行为方式、能力等联系在一起。许多成功的教育都与严格要求联系在一起。今天的严格要求，是学生明天成功的重要条件。

（2）严格要求是学生自尊的重要来源

严格要求还有一个重要的作用，那就是当教师对全体学生的要求一贯严格时，教师要求学生遵守的纪律、规则就取得了"客观要求"的形式，就成为一种"对事不对人"的客观标准。因此，当学生遵守时，所感受到的不是对他的自由的威胁，而是对一种规则的遵守；当他们因违反了这些规则而受到惩罚时，他们感受到的是规则的严格性和严肃性而不是针对个人的措施，很少体验到自尊心的降低。

人们尊重那些有能力、有责任心、做事严谨、可靠的人。因此，今天学校中的严格要求，也是明天学生进入社会生活，承担起社会工作后获得尊重的一个重要来源。

严格要求的另外一个作用是预防不良行为的发生。不良行为及过错行为，都会受到不同程度的惩罚，而惩罚引起的是个体自尊心的降低。在中国文化中，受到各种形式的惩罚，都被看作是奇耻大辱。司马迁说："……其次，不辱理色；其次，不辱辞令；其次，诎（同屈）体受辱；其次，易服受辱……"其中，"不辱理色"就是在道理上和颜色上都没有受到屈辱；"不辱辞令"就是没有被人用文辞教令来申斥；更严重的惩罚如"诎体"即捆绑起来；"易服"即换上囚犯的服装等都是刑罚，更无法维护自尊了。从这个意义上看，如果说宽容和尊重给予学生的是当时的愉快和自尊心的满足的话，那么，严格要求所给予学生的是他们在以后长期的社会生活中得到尊重所需要的品质和行为方式。

教育教学中严格要求尖子生，其根本目的是为学生形成科学的信仰、价值观和道德认识提供标准，为学生养成良好的行为习惯和合理的行为方式提供标准。在严格要求中，应遵循几个相应的原则。

（1）维护学生尊严

虽然学生在一定阶段内是受引导者，但学生首先是一个人，而且由于学生是发展中的人，老师尤其要注意保护好学生的自尊心，否则严格要求将失去应有的效果。教师要尊重学生的人格，以平等的心态教育学生，不讽刺，不挖苦，也不威胁，不搞人身攻击，也不以敌对的态度对待犯错误的学生。同时，教师要引导学生懂得自尊，从小做一个有尊严的人，并以行动维护自己的尊严。

（2）务必实事求是

严格要求是与表扬相对的评价方式，张冠李戴、混淆黑白都会给学生带来严重的伤害，有时甚至是无法弥补的。在严格要求之前，教师必须弄清事实真相，不急于下结论，待真相大白后，方可视其情节处理。在同时批评几位学生时，或是针对不同的事件，教师不可宽严不均，要做到一视同仁，不冤枉委屈者，也不纵容违规者。

（3）考虑学生差异

不同的学生，其心理承受能力不尽相同。性别不同、年龄差距、性格差异、人际环境、家庭背景等都可能造成学生的差异。老师在批评学生时，要充分考虑上述因素，不能生搬硬套，不讲策略。甚至当这个学生性情出现反复时，老师也要认真观察，分析原因，以求因势利导，选择最佳批评方式。

（4）力求就事论事

学生是身心发展不够健全者，教师在实施严格要求时要讲究单一性，做到就事论事。教师要找准问题的实质，弄清学生究竟错在何处，然后对症下药。相反，不要秋后算账，将学生以前的错误累加起来，数罪并罚。

（5）引发学生思考

严格要求的最终目的是使学生的思想受到震动，并转变其行为。老师在批评学生时，会找准理由，以理服人。如果学生一时难以转过弯来，也要尽量解开学生的心理症结，引起学生的自我思考。一旦学生从内心深处意识到错误，必将进行自我反省，促成行为的矫正。

（6）彰显教师人格魅力

教师的人格魅力也是一种宝贵的教育资源。"亲其师"方能"信其道"。教师的一举一动，一颦一笑，无不影响着学生的思想。如果一个教师风度翩翩，知识渊博，又有着对学生的关爱之心，那么学生更易于接受该教师的严格要求和教导。相反，如果教师总是言出法随、令行禁止，学生未必会从内心接受批评。

不要迷信 "师严"

我们说，教师在 "爱" 学生和尖子生的同时，也应 "严" 字当头。但有的教师却又常常走向了另一个极端。

我们都知道有一句话叫："教不严，师之惰"。有的教师过于迷信这句话，殊不知这话也有可能害人。因为这种传统思维方式的最大问题是把 "不严" 和 "懒惰" 死死挂上了钩，反过来理解，教师的 "勤" 就必然要表现为 "严" 了。很多校长和老师真的就是这么理解的，于是他们的干劲儿就都用在 "严" 字上了。殊不知前任的 "严" 可能给后任埋下炸弹，而且很多老师的 "严" 是以教育方法贫乏为前提的，一旦 "严" 法不灵，就束手无策了，剩下就是两个极端：一个，"我和你们拼了"；另一个，撒手不管了。

教育是一种非常复杂的、科技含量很高的工作，怎一个 "严" 字了得！

有位教师在网上写了一件他亲身经历的事。

今天我气愤极了。

晚自习班级无老师，我因到班级有事，结果发现班长刘 ×× 同学正在班里大喊大叫。我阴沉着脸进了教室，对刘 ×× 提出了严肃批评，并责令他明天早上在全班同学面前检讨！

处理结束后，我当着全班同学的面问他上次英语测试的成绩，他一直不吭声。我生气了，并叫他站起来。他只是勉强站起来，并没有回答我。我更加生气了，叫他到门口站着。他站到门口后，我让李老师联系他的家长，准备把他送回家反省一周！李老师在打电话时，他在吐痰。我简直气愤到了极点。

后来，刘 ×× 的事情，主要由李老师来处理，表面上是联系车子，准备送他回家，实际并未采取任何行动。

我这时倒很想听听班级其他同学的意见。张 ×× 代表全班同学首先找到了我，说："给他一次机会吧。" 尔后班级的吴 ××、朱 ×、陈 ××、曹 ×× 等都分别找到我，为他求情。主要表达几个意思：一是处理不该这么重；二是是否给他一个机会，因为下周要月考；三是他家庭情况特殊。我说："你们所讲的我都考虑到了，不可能改变处理决定的。你们有什么意见，可以在日记中表达出来，就是骂我几句，我也不怪你们！"

半小时后，我开始读同学们的日记，有的同学说我暴政，有的说我是大坏蛋，有的说想揍我一顿，等等。

晚上下班之前，我特地找到李老师，叫他安排两个同学密切注视刘××的去向，有什么情况立即汇报！并和李老师交流了如何处理的意见。他说，以前班级之所以比较难管，主要是刘××管不了。

昨晚刘××写了一封信给我，除检讨外，他主要表述了他是怎样的一个人。他是一个封闭的人，他是一个压力比较大的人，他是一个不善于和人进行语言交流的人，他是一个家庭比较特殊的人，等等。

今早开了十分钟的班会，主题是刘××的问题。一是为什么要处理刘××？二是为什么处理得这么重？三是为什么同学们说情，我不改变主意？会后，由刘××书面检讨，以完成昨天的第一个处分决定。

会议刚刚结束，他的养母就来了。我和她到办公室交流了一会，主要谈了刘××由于年龄大（已念过初三，回头念初一），静不下来，学习不专心，成绩有下滑的趋势。我建议她带他回去开一个家庭会议，主要和刘××彻底地交流一下，以摸清他的思想状况，提出一些明确要求。明天早上再把刘××送来。回来以后，我抽时间再和他交流。

思考：

在处理刘××的时候，其实我心里很不是滋味，他是尖子生，又是班长，但要想把这个班的纪律整顿好，肯定要牺牲个别人的，哪想到被刘××碰到了。我想，等这件事过去以后，我会把他的损失好好地补回来！

关于对"刘××事件"的再思考：

一、对学生，班主任有没有让其回家反省一周的权力？

二、执行力的体现必须建立在班级有一定的执行文化上，而在这个班，执行文化形成了吗？没有。

三、用牺牲一个人来增加班级纪律的执行力，方法是否有问题？

四、如何进一步拉近与同学之间的关系？（在此之前，我和同学的关系是较近的，已走进一些同学的心里）或许这件事后，他们的心扉又有可能对我封闭。

五、在以后的工作中，如何做好刘××的工作？

结果：刘××的母亲帮他转到职中去了。

这位教师的处理方式其实是有问题的。

他的主要失误并不是"过急"，而是在处理整个事情的过程中，几乎完全没有科学研究，而且缺乏人文关怀。

"发现班长正在班里大喊大叫"，起码应该问一问，他为什么这样，他是在什么情境下这样做的。这是最起码的科学态度和人文精神。

可是这位老师问都没问，就批评，就让他检讨。

这样当老师，不是太简单、太容易了吗？这是典型的非研究型管理。

激动起来，谁都有大喊大叫的时候，包括尖子生也包括我们老师在内，因为我们都是人。学生在课堂上大喊大叫，当然是错误的，但是情境不同，处理的方式是不应该一样的。不了解其情境，怎能处理得入情入理？怎能让大家服气？

接下来，这位老师当着全班同学的面问他上次英语测试的成绩，我不明白这是为什么。这跟他大喊大叫有直接关系吗？教师让学生当众报出自己的学习成绩，合适吗？

我看不出这两件事之间的逻辑关系，我只能这样猜想：这位老师原本不想具体分析这个孩子的问题，而只想用权力压服他，用他的成绩来寒碜他……

可见，学生说他是"暴政"，事出有因。

看来教师对这个班的班风并不了解，对学生的情绪并不了解，对这个班长的个性和心理状态也不了解。有句话叫："知己知彼，百战不殆。"教师却敢于在如此"不知彼"的情况下贸然"执行纪律"，那就只有赤裸裸的权力了。我真替他捏一把汗，幸亏他遇到了比较老实的学生。但他为此付出了沉重的代价——在学生中的威信肯定会大大降低。这也就意味着，将来学生对他的反抗会更加激烈。等他遇到一个完全豁出去的孩子时，这出戏可就没法唱了。很多像他这样工作的老师后来都碰了大钉子，

让学生出类拔萃

弄得狼狈不堪。

班长在班里大喊大叫，把他叫到办公室，平心静气地问问他为么这样做，搞清原因再处理，有何不可？如果情有可原，让他跟同学解释一下也就行了，何苦闹成这样？老师只知道杀一可以儆百，却不知道，弄不好杀一可能激怒一百。这样说不是怕得罪人，而是希望少出点"冤案"，希望老师能营造自觉的纪律，而不是靠恐惧维护的表面服从。

愿各位老师慎用手中权力，以免变成"教书的警察"。

"偏爱"不可忽视群体

不管承认与否，在教育实践中，"偏爱"尖子生的现象是客观存在的。但是"偏爱"不能超过一定的限度。

被别人关注，受别人重视是每个人永恒的追求，尖子生如此，其他学生也不例外。

下面这个案例就让我们体会到了这一点。

我讲《孔雀东南飞》在分析人物形象时，让学生讨论后举手发言。每次最先举手的都是叫强的一名男生，他的语文成绩较好，对问题的分析也头头是道，并且他总是在其他学生还没想好时就举起了手。我不能打击他的积极性，加上思考的时间过长也影响教学进度，于是每次只要他举手，我就点他。这一节课似乎就只有他在发言。

上第二节课时，我发现强的同桌都换到别的座位上去了，并且当我再次点强回答问题时，学生中发出了不满的声音。我马上意识到可能其他学生感觉受了冷落，心里产生了不满，于是，在这节课上我就多点了几名学生发言，局面暂时好了一点。

课后我想了很.多，有些学生回答问题确实不能令人满意，学习还不用功，但他们就是要老师重视他们，而我又不能为了迁就他们打击一些成绩好的、积极性高的学生。应该让他们明白：要得到别人的关注，就必须自己努力变得优秀。

又是一节语文课，在上课前我给他们讲了一个故事，这个故事是我

165

杜撰的：苏格拉底是一位哲学家，也是著名的教育家，他善于用谈话的方式教育青年。有一次，一位年轻人很沮丧地找到苏格拉底诉说自己的苦衷："我和我的哥哥受着同样的教育，有着同样的生长环境，同样是一表人才，可是无论在哪里他都成为别人关注的焦点，而我仿佛被人遗忘了一样，这究竟是为什么呢？"苏格拉底想了想说："你常常在晚上看夜空吗？你仔细看那满天的星星，就会明白了。"故事讲完了。于是我就问："这个青年究竟明白了什么呢？"我让强身边的那个学生回答。学生们都很聪明，他们似乎明白了我讲故事的用意，这个学生说："他明白了千里马需要伯乐来发现。""哦，他在批评我没有发现他的才能，以后得多给机会让他表现。"另一名学生自告奋勇站起来说："要让别人关注，自己必须发出更强的光，必须做那颗最亮的星星。""说得真好！我们81名学生每人都是一颗星星，都有自己的亮点和长处，但是只有做最亮的那一颗才能让别人关注，我衷心希望每位同学尽自己最大的努力。发挥自己的优势，成为一颗更亮的星星。"学生们群情激昂，这个故事收到了预期效果。我也把每个学生当成一颗星星，尽量地去发现他们的闪光点。

以后的语文课学生学习积极性似乎更高了。由此我体会到：关注每个学生，让他们有受重视的感觉是激发学生学习积极性的有效途径之一。

读了这个故事，让我不禁想起了另一个故事。

在美国，有一位教英文的布朗小姐，长得非常漂亮迷人。一次毕业典礼上，布朗小姐吻了好学生查理的额头，以示特别嘉奖。然而，这不公平的待遇引起了几个男生的不满。其中有一位大声质问布朗小姐，为什么只吻了查理而不吻其他学生？布朗小姐回答说："查理比较优秀，是一个出色的学生。"

为了布朗小姐的这个吻，此后，这个发问的男孩开始努力拼搏。44年后，他当选为美国第33任总统，他的名字叫杜鲁门。而被布朗小姐吻过的查理则成为杜鲁门政府负责出版事务的首席秘书。有一次，杜鲁门让查理转达他对布朗小姐的感激，他说，就是布朗小姐当年的这一吻，刺激他永不服输，最终入主白宫。

因为个性接近或责任的需要，教师对某些学生表现出一定的"偏爱"或"偏向"是正常的，但是教师的"偏爱"或"偏向"不能伴生排他性。也就是说，教师对个别学生的"青睐"或特殊"照顾"要以公众感情能够接受为底线，否则有可能使你"偏爱"或"偏向"的对象陷入被孤立的窘境。结合上面的例子，我们最好经常问一问自己：

我喜欢一个非常出色的孩子，这个孩子的出色是集体公认或钦佩的吗？他出色的表现是个人努力的结果呢，还是我刻意提拔的结果？他能成为大家的表率吗？

我总是格外关照某一个学生，大家都认为他应该受到关照吗？大家会认为我的做法是必要的和值得的吗？他能因我的关照从而获得大家的关照吗？

我对个别学生的态度能代表集体意志吗？

这最后一问尤为重要。如果你的"偏爱"或"偏向"能够被公众认为是正当的，那你就理直气壮地去"偏爱"或"偏向"吧。

"完美主义"要不得

有人问一位著名雕塑家雕塑的秘诀是什么，他回答："这还不好办！你找来一块石料，把多余的东西去掉就行了！"人们把这种思路迁移到教育中来，以为教育学生就是把他们身上的缺点统统去掉，于是他就完美了。这是很大的失误。须知人不是石头，人能主动发展，而且历史和现实都告诉我们，有成就的人都不是没有缺点的人，他们的共同特点是充分发挥了自身的优点，这与雕塑的路子完全不同。

教育上的完美主义还与"短板理论"有关。"短板理论"即"木桶理论"，是说木桶由很多木板箍成，木桶能装多少水，取决于最短的那块木板。"短板理论"用在教育上很不合适，因为人才的发展常常取决于"长板"而不是"短板"。运动员只要有一次破纪录就会载入史册，科学家有一项发现即可成就辉煌，人们是不会在乎他们的"短板"的。把"短板理论"迁移到教育中来，就是盯着学生的弱项（短板）不放，竭力实施均衡发展，竭力让学生"完美"，实际上常常会阻碍学生的发展。

完美主义不但会造成教师的焦虑，而且可能给学生造成很大伤害。下面这个震撼人心的例子，就是最好的说明。这是一位教师写在网上的一篇"教育往事"。

我是个追求完美的人，无论做什么，我都不允许自己犯错误。我这样要求自己，也这样要求学生，特别是我眼中的优秀生。我从不批评他们，但我用自己的期望、情感、语言无处不在地包围着他们，几乎是投入了百分之百的心血，以苛求他们能够达到十全十美，仿佛只有这样才能让我心满意足。直到有一天，发生了这样一件事……

已经是晚上十点多了，一阵急促的电话铃声响起。

"喂！你好！哪位？"

"吴老师，你们班的娟子同学今天来报到注册了吗？"

"噢！是校长大人呀！今天您好像没有平时的那份平稳从容了？"

"你还有心思开玩笑呀！我问你，今天，你没有对娟子同学怎么样吧？严厉批评或者体罚什么的。"

"娟子？我没对她怎么样呀！今天上午她来学校了，没交钱，她说明天正式上课的时候把钱带来。后来她帮我检查完暑假作业就回去了。哦，对了，我还冲她笑了一下。"

"她寻短见了，我也是刚听说……喂！你现在这个时候千万别去她家呀……"

"娟子，不可能呀！她是班长，那么优秀的学生……"我扔下电话，顾不上换鞋，踏上摩托车直奔娟子家而去。一路上，不知道脚上的拖鞋什么时候掉了，也不知道究竟闯了几个红灯，只任凭那寒冷的秋风在耳边呼啸。我想大声地喊，可觉得嗓子被一种硬物活生生地堵住了，泪水不由得模糊了我的眼睛。在那被凝固在风里的泪水中，上午的一幕在我眼前清楚地呈现出来……

今天上午是学生报到注册的日子，娟子来得比我还早。她像往常一样替我打开门，帮我把要用的东西拿到教室。做完这一切，她拉着我的手问我："吴老师，我明天再来注册，好吗？"

"行啊！那有什么不行的呀！是不是你爸又没有把你的学费筹齐

呀？要不要我先给你垫上呀？几百块钱，我还是出得起的嘛！"我也和平时一样，没问为什么，只是笑着答应了她。我知道她家这两年刚盖了新房子，手头有点紧，这两年的学费都是我先帮她垫上的。

"哎！吴老师，你没有感觉到我今天和平时不一样吗？"她突然冒出了这么一句话。

"没有啊！你能有什么不一样？"我没有抬头，还在校对我手上的学生花名册。

"你看看我的胸前……去年，我评上了市里的'三好学生'，你送给我的，我一直舍不得系呢！你看看嘛！"她从来没有像今天这样跟我说话，我都有点听不懂了。

这时，我才发现她的胸前多了一条丝带，红红的，像正在燃烧的火焰，我竟有点看呆了。

"老师，我漂亮吗？……抱抱我，好吗？"说这话时，娟子的脸也和那条丝带一样红。

"这……不好吧！你都已经是六年级的女生了……"我有点不知所措了。

"就一次，好吗？你不是说，我在你心目中是十全十美的吗？"说着，她不顾一切似的扑到我的怀里。

我宽容地拍拍她那还略显瘦小的肩，继续着我手头的活儿。这时，同学们已经陆陆续续来报到注册了。她又像往常一样，帮着我检查同学们的暑假作业。

也不知是怎样找到娟子家的，门没有锁，我开门进去。娟子正安详地躺在她爸爸的怀里，胸前赫然摆放着那条红红的丝带。

"吴老师，你坐吧！"娟子她爸竟然还是和平时一样平静，她妈妈还习惯性地给我端上一杯热茶，招呼我坐在了娟子的身边。

"今天晚上，八点多了，我和她妈妈收摊回来，没有闻到娟子做好的饭菜的香味，也没看见她忙碌的身影。感觉不对，便四处寻找，最后在五楼阳台找到了她。马上送医院，可已经来不及了……"她爸的口吻就像在给我讲述着一个凄美的童话故事。

"娟子她爸，今天上午，娟子来学校了。我向你保证，我绝没有批评她……"我为我的自私脸红，这时候竟然还能说出为自己辩护的话来。

"吴老师，你放心。我们知道你是个很好很好的老师，我们绝不会怪你的。只是，我们实在想不明白，娟子她为什么一句话也不留下，就这样离我们去了？"

"日记！对，日记！我们班的学生都有写日记的习惯。……你带我去拿她的日记本，应该可以找到答案的。"

8月31日　　星期日　　天气：阴

明天就要开学了，又可以见到亲爱的老师和同学了，可我怎么也高兴不起来。我犯了一个不可饶恕的错误，直到今天晚上我才记起，我的暑假作业落在了乡下奶奶家里。明天就要开学了，乡下奶奶家又没有电话，我是无论如何也来不及拿了。

我恨我自己，我为什么不早几天检查整理一下呢？难道这是一个优秀学生应该做的吗？五年了，我什么时候犯过错误呀！我在老师的心目中可是十全十美的呀！十全十美的学生是永远不会犯错误的，是不会有缺点的。我相信，只要我给吴老师说清楚，老师肯定不会批评我，可我的名字也肯定不会出现在表扬栏里了。没有得到表扬，不就是等于批评吗？老师相信我，能原谅我，可是我能原谅自己吗？我能给老师、同学留下一个不完美的印象吗？不！绝不能！

我就这样走了，爸爸妈妈、吴老师和同学们肯定会很伤心的。我现在不能走，明天我还要到学校去，去见吴老师最后一面，帮他最后一次检查作业，留给老师最后一个完美。

……

读着读着，泪水又一次模糊了我的眼睛，滴在纸上，融化了那一行行稚嫩的字迹。

……

这个故事真让人心痛。

家长和教师应该让学生从小就明白，追求完美是可以的，但是绝对完美并不存在，"十全十美"只是一种礼貌的赞扬语言，不可当真。

对优秀而又死心眼的尖子生，尤其应该把此事说清楚。

家长和教师还要注意，从来没有受过批评的学生，生存能力是比较差的。

人的脸皮太厚固然不好，太薄了，却也降低生命力。

任何一个人，终其一生，都不可能不受到大量的负面评价，很多人受到的负面评价都会多于正面评价，所以必须教会孩子从小就学会正确对待负面评价，对待批评。这也是人生的基本功，不可或缺。

透过案例，至少有几点值得我们去思考，去重视。

教师要回归本性

有个学者这么说过：如果一个人无论春夏秋冬都能平静地微笑，这个人就高贵；如果一个人无论喜怒哀乐都能自然地流露，这个人就朴实。朴实与高贵都表明了一个人生活的态度，它们同样美好，只是高贵接近神灵，朴实毗邻稚童。老师要朴实地面对学生，不要在学生面前摆出一副虚伪的、完美的神的姿态，要给学生一个平凡真实的人的形象，使我们的孩子了解老师也有不完美的一面。案例中的娟子如果不是追求所谓的完美，绝不会为了区区一次暑假作业不能按时交，就担心毁了自己一直以来在老师心目中完美的形象，而走进死胡同。

教师要敢于出错

"教学相长"是一个古老的命题。"弟子不必不如师，师不必贤于弟子"，"闻道有先后，术业有专攻"，"教学相长"，从来就是处理师生关系的定则。老师也经常有出错的时候，错了就改呗！教师能以这种真诚的态度对待学生，就能缩小师生之间的距离，把学生从对老师的敬畏依赖情绪中解放出来，使老师从居高临下的权威形象转变为可信赖的朋友形象，从而使学生敢于接近、愿意接近老师，有了心里话能够向他们的老师倾诉，甚至老师责骂、惩罚他们，他们也很容易接受，容易自我解脱。案例中的娟子如果能见到老师偶尔也有犯错误的时候，哪怕是一点小小的错误，她就能找到为自己辩护的理由，也不至于这么轻易地就走上绝路。

艺术地冷落优秀学生

学习好的学生，一般来说其他方面也相对比较优秀。他们在班里时时处处都能显山露水，抢占先机，得到老师表扬的机会很多。没有得到表扬，他们就会不习惯，如果被老师批评，简直是奇耻大辱。对于这样的优秀学生，班主任老师一定要创设机会，偶尔艺术地冷落他们，事后渗透心理健康教育，以提高他们抵抗挫折的能力。案例中的娟子如果平时在老师跟前，曾经有被老师冷落、甚至是批评的时候，并且在老师的指导下跨过了那一道坎，这次她绝对不会因不能独自承受而轻生。

最后，让我们记住另一位网友的话吧："人是不能要求完美的，特别是对那些优秀且苛求自己的学生。看过这个故事之后，我每接一个新班，新学期的第一课，不用写提纲，也不用打草稿，我都会这样跟我的学生讲：每个人都不是十全十美的，谁都会有缺点，包括你们的老师……"

聪明的孩子为什么成不了尖子生

教师经常会碰到这样一些怪学生，从日常生活中观察，他们聪明伶俐，说话办事头头是道，和伙伴在一起玩"鬼点子"也很多，理应成为尖子生。可是，他们在学习上却不大行，碰到书本知识就头疼，脑瓜子"不开窍"。例如，有些很简单的数学题，别人很快就算出来了，可他们憋老半天算出来的还不一定对。他们通常掌握知识花费的时间，要比大多数学生多两三倍。许多教师和家长称这样的学生"假聪明"，怎样看待这样的学生呢？他们到底是假聪明还是真聪明呢？

我们不妨来看下面这个案例。

一次，邱学华在四川讲学，碰到一位教师不停地埋怨自己的学生"笨得像石头"。邱学华让他请个"笨得像石头"一样的学生来见面。学生来后，邱学华笑眯眯地对他说："今天，不让你做题，你能帮我办件事吗？"说着拿出两角钱，请他去买两本作业本、两支铅笔，而且要便宜的。孩子高高兴兴地跑了，一会儿就买来了本子和铅笔，还找回了4分钱。谁知邱老师说少了一分钱，孩子着急地申辩说："本子一本5分，二五得十；铅笔一支3分，二三得六；2角钱减去1角6分，还剩4分，怎么不对呢？"他刚说完，邱学华就满意地笑了，连声夸奖他算得对。

学生走后，邱学华对那位老师说："你看他多聪明呀，在实际生活中能解答复杂的多步计算应用题。看来不是学生笨，而是我们的教学方法不大对头啊！"

这位"笨得像石头"的学生是怎么聪明起来的呢？是邱老师针对学生的实际改变了他的学习方式，是做中学。同时也检验出这位学生并不笨，只不过没有找到适合他的学习方式而已。

有这样一个实验，被实验者是在学习算术上有困难的小学一年级学生。实验方法是把算术题组织到数学游戏中，让学生玩这种游戏，这就激发了他们智力活动的积极性。实验结果证明，这些学生能够积极主动地算出那些在一般教学情况下只能获得29%正确答案的题来。可在游戏的场合下，同等难度的作业正确答案率提高到88%。这个实验证明，某些被认为"假聪明"的学生不是天生的"智弱"，而是他们的智力还处在一种被动状态，有待于开发和启蒙。那么，为什么某些智力正常的学生不会读书，学业成绩不好呢？当然这是一个较为复杂的问题，它涉及学生的主观智力因素、非智力因素，客观上教师的教学方法和家庭教育等诸多方面的因素，有些问题还有待于深入研究。

辽宁省教育科学研究所下属的教育心理研究室曾对"影响初中学生学习的因素"做过深入研究。他们通过调查表明，从学生方面来看，身体健康、智力、个性、学习积极性、学习方法、师生关系和朋友关系、家庭环境是影响学习质量的主要因素，而各种因素对学习的影响总趋势是：学习积极性占第一位，其次是智力，第三是学习方法，第四是师生、朋友关系，第五是家庭环境，第六是身体健康。

从这个研究中我们可以得到启示，某些聪明的学生不会读书，学业成绩不好，成不了尖子生，往往也是与这些因素密切关联的。

从学生的学习积极性上查找原因

对学习无兴趣、贪恋玩耍、缺少明确的学习目的，是这部分学生的一个重要表现。这些学生虽然对具体、形象、自己感兴趣的事物会表现得异常活跃，平时接老师话，逗贫嘴一套套的，但是他们对学习抽象的书本知识不感兴趣。他们课堂上坐不住，也听不进去，屁股是"尖"的，思想是"飞"的。他们爱搞小动作，边听课边玩儿，不玩儿就打瞌睡，像这样的学习态度怎能学好知识呢？本来知识是一环扣一环的，如果知识欠账多，势必造成恶性循环，即越学越不会，越不会越不爱学，最后沦为"后进生"。

由于某些学生学业不良，会给他们的智力发展带来了很不利的影响。从他们自身来看，容易丧失学习自信心，破罐子破摔，思维逐步懒惰起来。从教师教的方面来看，因为他们落后又容易成为教师教学上被遗忘的角落。有人根据34节课的听课记录，整理的"后进生"课堂活动情况如表1所示。

表1 "后进生"课堂活动表

项目	课堂提问		抽板算		抽朗读		复述口头作文	
活动次数	总次数	抽后进生次数	总次数	抽后进生次数	总次数	抽后进生次数	总次数	后进生次数
	114	2	37	18	44	5	35	3

从这个统计中可以看出，"后进生"参与学习活动的机会较少。显然这对发展这部分学生的智力是极为不利的。某些聪明的学生就是在沦为"后进生"以后，缺乏必要的思维刺激，以至于他们在班级成了"陪客"，大脑处于"休眠"状态。长此以往，他们对书本知识学不进去，而过剩的精力又使他们在感兴趣的事物上表现自己，因而就可能使他们成为"假聪明"的学生了。

从学生认知风格上查找原因

心理学研究表明，由于禀赋、家庭教育、学校教育和社会环境的影响，学生智力的认识风格是有差异的。通过日常观察我们可以知道，就学习速度而言，有的学生快一些，有的学生慢一些；就观察的类型而言，有的学生善于分辨事物的细节，但"见树不见林"，容易忽视事物的整体，而有的学生观察事物有总体印象，但"见林不见树"，容易忽视事物的细枝末节，当然也有"见树又见林"的分析综合型。就记忆的特点而言，有的学生擅长视觉记忆，有的学生擅长听觉记忆，有的学生擅长动作记忆；就思维的发展而言，有的学生形象思维发展得好，有的学生抽象思维发展得好；就学习过程而言，有的学生习惯模仿学习，有的学生必须依靠具体、形象的事例来理解抽象的概念和原理。

某些聪明但不会读书的学生的认知风格是，观察事物往往不够仔细，不善于观察事物的本质，他们的记忆随意性差，经常依靠兴趣来记忆，他们的思维特点是具体形象思维优于抽象思维。

因为学生在学习过程中存在着认知风格上的差异，如果教师的教学方法和学生的认知特点格格不入，就可能会造成学生学习上的极大困难，学生因为不适应教师的教学方法而屡屡失败，这自然会造成学业上的失败。某些聪明的学生学习成绩没有搞上去，智力总处于被动状态，往往也是由此原因造成的。

从学习方法上查找原因

学习方法也是影响学生学习成绩的一个重要方面，有人曾将 202 名尖子生的学习方法做了统计，如表 2 所示。

表 2　尖子生学习方法统计表

方法	人数	百分比 /%
预习有记录	34	16.8
课前经常预习	65	32.2
课前有时预习	126	62.4
认真听讲	179	88.6
听课时记笔记	181	89.6
课后复习	1.56	77.2
先复习后做作业	133	65.8
独立思考	151	74.8
单元小结	76	37.6

从这个统计表中可以看出，尖子生之所以能取得好的学习成绩，与他们掌握了正确的学习方法是分不开的。相反，某些聪明的学生，他们虽然智力正常，学习也肯努力，但是学习不入门，不会用脑，没掌握好

的学习方法。他们往往死抠书本，死记硬背多，而灵活运用、深刻理解少，因此学习效率很低。学习效率低就会使他们学习总是处在被动的地位，学习成绩自然就越来越差。

从家庭教育环境影响查找原因

来自各方面的调查表明，某些聪明的学生智力发展得缓慢，学习成绩搞不上去与家庭教育的环境影响有密切的关系。有人对小学低年级45名学业不良的学生进行调查，发现其家庭教育的一般情况，如表3所示。

表3 学生家庭教育情况调查表

家庭教育情况	引导参加健康的文化活动的家庭	对学生进行读、写、算辅导的家庭	能合理安排学习、生活的家庭	注意培养和锻炼学生好习惯的家庭
占调查数的百分比	11%	6.7%	8.9%	6.7%

从这个调查表中我们可以看出，这些家庭普遍缺少文化知识的气氛和智能方面的刺激，很少有意识地激发学生的求知欲和好奇心，因此学习动机发展迟滞，对学习没兴趣，缺少良好的学习习惯。这些学生学习落后正是受不良的家庭教育影响的结果。

此外，师生、朋友之间的人际关系差，学生身心健康状况差，家务负担重等，也都可能对某些聪明的学生产生影响，使他们学习落后。

教育家布卢姆认为："只要有适合学生个别特点的学习条件，世界上任何人学过的东西，几乎所有的人都能学会。"对某些聪明而学习成绩差的学生的教育，如果教师能在调动学习积极性、教给学习方法、因材施教等方面多做些工作，学生是能够把学习成绩提上去的，他们一旦觉醒，就会真正聪明起来，成为尖子生。

聪明但学习成绩却不佳，这样的学生在中小学中确实存在。上面的内容从学习积极性、认知风格、学习方法、家庭影响等方面做了分析。对于教师如何面对这种类型的学生，我们提出以下几点建议。

1. 加强学习目的的教育，注意培养和激发学习动机

某些学生聪明，但学习成绩差，如上所述有多方面的原因，并且因

人而异，但从根本上说，明确学习目的、端正学习态度、形成正确的学习动机，是至关重要的。学习动力和学习积极性是取得良好学习效果的决定性因素。

2. 加强学习方法指导，注意提高学习策略的运用能力

学习方法不对、不懂得也不会用学习策略，是这种类型的学生学习成绩差的重要原因。所谓教师要教学生学会学习，在很大程度上就是训练学生能够在学习活动中正确地运用学习策略，如对知识信息精细加工的策略，对自我认知行为调节、控制的策略，等等。

3. 加强主体意识训练，注意自主学习和创新能力的培养

学生是学习和发展的主体，在教学活动中，应加强主体意识的教育和训练，使他们在学习中做自己的主人。对这些学生的改变，不能只着眼于学习成绩的提高，要充分发掘他们的智力潜能，要尊重他们的选择，在培养他们的创新意识和创新能力上下工夫。

总之，我们要记住一句话：尖子生不是天生的，而是培养出来的。如果发现聪明的学生成不了尖子生，教师首先要反思自己的教育方式。

大自然是孩子最好的老师

说起教育，很多父母想到的是早教课、学前班，认为所有的知识都印在书本上，因此不断变着法地鞭策孩子拼、读、写、背，却忽略了儿童早期的其他需要：儿童需要一段准备时间来发展身体及心理上的各种潜能。大自然是一本内容极其丰富的教科书，那里有无尽的知识、哲理、愉悦、启发和吸引，有健康生活的极大乐趣，是人出生后必修的第一课。少了这一课，智商再高的孩子也会"营养不良"，上了学会有不同程度的学习障碍。此时，家长忙着给孩子补习、请家教辅导，或找一些教育工作者设计一些补救性的措施，企图激励孩子疲惫不堪的心灵努力学习，可孩子已经失去了很多。即使孩子突然"懂事"起来，发誓用自己的努力和自信去打造一个美好的明天，此时如果能力缺失，童年也会像一只蜗牛"背着重重的壳"。因此，父母对孩子早期的培养与引导应重在培养能力而不是获取书本知识。

很多家长对孩子的身体健康非常关心，对孩子的性格和能力的培养却不重视。他们总觉得培养孩子勇敢、自信等优秀品质，培养孩子的观察力、想象力，培养孩子探索问题和解决问题的能力，都需要很专业的方法，这些高深的名词让普通的父母望而生畏。其实，这些做起来并不难，即使我们没有太多的文化，仅凭我们的阅历、经验和爱心，只要挤出时间来，多带孩子到大自然中尽情地玩耍，你会发现孩子会深深地爱上自然。正如泥土中的种子需要阳光、雨露的滋润一般，儿童都需要玩耍，需要借助观察自然界的花鸟鱼虫、风云雨雪，听自然界的声音，品自然界的酸甜苦辣，感受自然界的周而复始。大自然能丰富人的心灵，启迪人的智慧，历练人的意志。也只有大自然最能激发儿童探索求知的欲望，从中发现奇妙的问题和无尽的奥秘，增长他们关于动植物和自然现象的知识，扩大他们的视野，在观察和感受自然界的现象和变化中提高注意、判断、观察、分析、想象、发现和处理问题等能力。而正是儿童这种对玩耍的专注演练了日后课堂上的注意力、持久力等学习必备的能力，还为他的大脑长时间处于最活跃、最积极的状态奠定了基础。同时，在自然界中活动，享受阳光和空气，接受风吹雨打，对孩子的身体也是一种极好的锻炼，有利于孩子建立自身的免疫力。在一次次玩耍的过程中，他们的各种能力逐渐在增强，收获的不仅仅是快乐，还有心智成长所需要的各种营养。

1. 大自然可以使孩子的心灵更丰富

记得有人说过，在决定一个人将来是否能够有成就的诸多因素里，智商的作用充其量只占20％，而在其余80％的决定因素中，情绪智力的作用是不可低估的。虽然情商也与先天有关，但它在很大程度上可以进行后天改造。事实证明，许多科学家取得会世人瞩目的成就的根本原因，并不在于他们有多么超人的智商，而是他们有超于常人的情绪智商。所以，情商的培养是当今人才培养中一个极为重要的问题，是素质教育的重要组成部分。

非智力因素对孩子健康成长的影响要远远超过智力因素，而非智力因素恰恰是家庭教育中容易忽视的。很多时候，我们总是重视开发孩子的智力潜能，而情商的培养往往不容易把握。这就需要我们根据孩子每个阶段的成长环境和不同年龄的心理特点，综合他们的认知能力、知识水平和情绪状态，采取适合他们的方法去影响他们。

大自然与生命本身的活力相容是最美丽的。那起伏的山峦、奔腾的河流、广袤的森林、辽阔的天空、浩瀚的大海……永远是那样生机勃勃，又是那样和谐安宁。在大自然中，即使是再调皮的孩子也不得不试着放下傲慢与狂妄，情感会变得丰富而含蓄，从而获得精神上的快乐与满足。父母应该多带孩子到大自然中去，而不是很小就把孩子圈在各种早教班的教室里。

2. 大自然可以矫正孩子的感觉失调

对感觉综合系统发育不成熟的孩子来说，感觉统合专业训练确实有助于其智力和综合能力的提高，但训练的方法和形式孩子是否喜欢，会在很大程度上影响训练效果。儿童早期的思维是直观动作思维，思维是依靠感知和动作来完成的。孩子只有在听、看、玩的过程中才能进行思维，边玩边想，一旦动作停止，思维活动也随之停止。可是，很多家长以为学习就是识字、算术，整天把孩子禁锢在水泥框框里，以孩子会背多少首唐诗宋词为荣。殊不知，现代化的水泥路太硬，踩不出浅浅足迹，寻不到童年的快乐，很难见到孩子那种久违的、原始的、天真的笑容。孩子多么渴望逃出久居室内的桎梏，到自由的天地去释放情感，去滋养理性和聪慧。这是儿童成长的必经之路和迫切需要，可是又有多少家长和教育工作者真真切切地关心过孩子的心理感受。

树上的鸣蝉、螳螂，草丛中的蟋蟀、蚱蜢，水塘里的青蛙和鱼儿，这一切都激发着儿童的好奇心。大自然给予孩子最丰富多变的刺激，使孩子的感觉更敏锐，手眼脑的协调更精准。

3. 大自然为孩子插上想象的翅膀

郭沫若曾大声疾呼"不要把想象力都留给艺术家，我们的科学家，特别是青少年都要展开想象的翅膀"。事实上，人类与自然越来越远，受害最深的当属儿童。他们需要有足够的时间融入大自然，借助观察动植物的生长，塑造属于自己的独特性格。

4. 大自然是孩子思维训练的最佳课堂

智力的核心是思维，而只有大自然才能创造最佳的思考氛围，促使儿童主动地进行思考，尽早学会独立思考。

大自然是最好的教育专家，它可以自发地形成某些场景，然后制造某种适合培养孩子能力的情境。在这个广阔的世界里能源源不断地产生新奇事物，激发孩子的兴趣，这种诱惑和刺激能给孩子一个丰富的心灵，让孩子利用他的想象力放飞思维，让创造性的萌芽破土生长。尤其是幼儿的思维从直观动作思维过渡到具体形象思维后，可以运用已知的知识来思考问题。孩子到了大自然中都能放大快乐，接受全方位的能力训练。例如，收集信息和处理信息的能力，它是人们认识世界、增长知识的主要手段，是智力活动的源泉。通过活动观察、获得和积累感性材料，获得有关事物的鲜明和具体的印象，经过思维活动加工提炼上升到理性认识，从而促进智力的发展。

5. 大自然是孩子性格的最好塑造者

性格是孩子生命的一种姿态，性格往往决定了人的命运。所以，在孩子成长的过程中，培养性格的重要性往往超过了智力开发。物竞天择、适者生存的自然法则告诉我们，在自然的奇幻、博大与伟力中塑造出来的性格更符合孩子的需要，孩子能更熟练地掌握这个世界的"游戏规则"。

种水稻的农民都知道，插秧前一定要炼秧。其过程是，薄膜被揭开后停止浇水，温床上的秧苗不得不适应自然环境的温差、阳光的炙烤及风吹雨打。这样受挫的秧苗便不再长高，从而减少根系养分的消耗。此时，秧苗为了生存，根就会拼命地往下扎，汲取土壤中的水分，积蓄足够的养分，以一种外部的低姿态孕育一种内部的能量，以待移苗后最大限度地进行光合作用，实现最优势的生物转化。在生产实践中，只有经过这种处理的秧苗才能保证移栽后成活、苗壮。如果秧苗不炼，就不可能长出发达的根系去获得丰富的营养。对孩子各种能力的培养其实都是上天赋予我们的别有殊意的"炼秧期"。

在传统的幼儿园和小学教育中，孩子稍微有点头疼脑热，父母就不让孩子去上学。虽然我们总是喊"让孩子接受吃苦教育"，但是没有什么实质的行动。这样会使孩子遇到学习和生活上的困难就选择退缩。这显然不利于培养孩子的毅力和意志。因为在面对困难的时候，如果事先有了畏惧的心理，那么就会过早地退缩，过早地失去斗志。在现实生活中，胆子是练出来的，家长要多给孩子机会，有意让孩子经历一些挑战，历练孩子敢拼、敢冲和不服输的精神。

迎接挑战、战胜困难、参与竞争是人成长的炼秧期，引领孩子认真地去欢迎它、接纳它，做出对自己最负责任、最明智的选择，他就一定能够在"炼"中积累勇气、毅力、意志，然后韬光养晦，铸成生命不可阻挡的美丽高原。

对即将成人的孩子来说，很多母亲都习惯性地把孩子庇护在自己的羽翼之下，过分的照顾、过分的疼爱、过分的保护对儿童心理健康影响极大。"这些东西不能吃！""那些东西不能碰！"大自然未必总是危机四伏、险象环生。有很多家长不加考虑地把自己的不安全感传递给孩子，使儿童的勇敢精神在父母胆怯的面孔和严厉的呵斥中慢慢消失，这对孩子一生都会有很大的影响。

儿童都喜欢新鲜和刺激的东西，不谙世事的举动和本能的好奇使他们的行为倾向冒险，父母自然有责任保护他们。但在孩子成长的过程中，他们的胆量和好奇心更需要家长细心呵护，父母应该做有心人，爱带孩子玩，会带孩子玩。通过玩耍，利用自己的人生经验敏锐地发现孩子的潜能及性格的优势和弱势。而要发现这些，光靠家长的权威是远远不够的，最重要的是成为孩子的朋友，和孩子平等沟通，在跟孩子玩耍的过程中完成教育的任务，在玩耍中培养和塑造孩子独立、思考、想象和创造的能力。

而今，人类渐渐远离自然环境，缺乏自然体验给儿童的人格形成带来很多负面影响。儿童的内心世界最接近自然。在生活中，家长多和孩子玩勇敢者的游戏，是对孩子独立精神和自由思想的呼唤，坚强、勇敢、忍耐……这些人生最重要的品质就会像一颗颗种子植根于孩子生命的最深处。

早期教育重在培养孩子的思维能力

如何开发孩子的智力？有些父母立刻想到让孩子看图识字，并用识多少字、背多少唐诗衡量孩子聪明与否，这是对智力开发的片面理解。更有些人把开发儿童智力潜能的重点定位为从培训记忆力入手，这是我们的远虑，也是我们的近忧。这种行为很容易忽视孩子思维能力的训练。

2006 年 10 月 CCTV-10《状元 360》栏目推出一期节目《记忆密码》。5 位选手在"倒背如流"这一关的能力比拼中都能看一眼就能很快倒背出主持人给出的十几位无序排列的数字，超强的记忆力令人叹服。从编导给出的台下观众的特写镜头中似乎能听见他们由衷的赞叹："记忆力这么好，他们的学习一定很棒，说不定个个都是高考状元！"

节目进行到下一关"颠三倒四"的比赛。

主持人口述："比比谁是记忆王，颠三倒四'倒装句'。"

选手复述："比比谁是记忆王，颠三倒四'句倒装'。"

主持人口述："比比谁是记忆王，颠三倒四'祖国好'。"

选手复述："比比谁是记忆王，颠三倒四'好国祖'。"

……

这是一轮比拼思维能力和反应速度的闯关比赛，从那些以记忆力脱颖而出的选手自报家门的开场白得知，他们中没有一个人是名校的大学生。果然他们表现平平，很快被悉数淘汰。这说明他们的记忆力强，抑或后天学来的记忆术代表不了他们的综合能力。通过这个节目，稍微留心就可以看出记忆力强并不代表思维能力强。换句话说，在需要思维参与的工作和学习中凸显不出他们的特殊能力。

爱因斯坦说过："发展独立思考和判断的一般能力应当始终放在首位，而不是把获得专业知识放在首位。如果一个人掌握了学科的基础理论，并且学会了独立思考和工作，他必定会找到他自己的道路，并且比起那种主要以获得知识为其培训内容的人来，他一定会更好地适应进步和变化。"

在日常生活中我们经常可以看到，有的人头脑灵活、机敏、迅速；而有的人头脑则比较僵化、呆板、迟钝；有的人思想活跃，头脑中有新点子、新念头，一生有很多创造发明；有的人则一生默默无闻，只会按照常规想，做常规事。这反映出人与人之间思维能力上的差别。

人们观察事物不光是用眼睛，还要用心、用脑去思考。令人遗憾的是，传统的从零岁开始的潜能开发却忽略了这一点，而现行学校体制在"一切为了升学率"的教育思想指导下，也未能摆脱重基础知识和基础训练的"双基"训练而轻智力发展的教育模式。以语文教学为例，有相当多的学生在智力发展的道路上普遍存在着以下几种缺陷。

第一，观察和理解能力很差。例如，虽然看过不少影视片，但大多数学生仅仅停留在表面的情节上，不善于透过现象抓住本质问题，不善于从错综复杂的人物、事情中揭示影片所包含的社会意义。

第二，分析和概括能力很差。例如，从中学生作文来看，文章结构雷同，这说明很多学生的思维不够灵活，思路比较狭窄，不善于独立思考，缺乏分析问题的能力。所以写出来的文章千篇一律，鲜有特色。

第三，思维能力和表述能力很差。以中学生作文为例，有许多作文在布局谋篇方面都缺乏必要的逻辑条理性，甚至给人一种混乱不堪、不知所云的感觉。

这说明，中学语文教学没有把语文的基本训练与发展学生的思维能力联系起来，没有把语文基本训练同发展学生智力训练联系起来。

思维对于学生既然如此重要，怎么通过训练来提高学生的思维能力呢？要结合实际情况，积极寻找一些简单、快乐的方法。在教育孩子的过程中，应该更多地关注孩子的内心感觉，关注如何让教育变得适度和有效。

1. 让孩子有一个会思考的大脑

天才是什么？天才具有卓越的创造力、想象力、突出的聪明智慧和悟性。它的秘密就在于有强烈的兴趣，从而产生无限的热情，吸引人们去从事活动、思考问题。

学习优秀的学生向教师提问题普遍较少，即使有问题提出也是与众不同的，他们不是在寻求问题的答案，而是在寻求解决问题的方法。成绩优秀的学生有一个共同特点，就是悟性强、能独立思考。

孩子都有一段时间特别爱问"为什么"，父母发现了非常高兴，总是一股脑儿地告诉孩子，更糟糕的是准备了现成的答案，第一时间读给孩子听。殊不知，这种快捷方便的获取知识的方式对幼儿来说，每一次轻松的得到就会失去一次思考的机会，这种教育便成了一种灌输，时间久了会磨平孩子思想的棱角而使孩子懒得动脑。这是教育的误区，我们教育的目的不仅要让孩子爱问，还要让孩子爱想、爱动脑，就是说要让孩子有善于思考的大脑。

幼儿教育最危险的陷阱之一是家长过分热心教育，常常陷入自以为是的误区。比如说，传统教育中对孩子提出的问题很多父母都高兴地、急急忙忙地全力回答，希望孩子通过这种渠道获得知识，对学习产生兴趣。然而，众人熟知的这种伪正确性恰恰锁住了我们的育儿方法和理念。尤其是年轻的父母中不乏文化素质较高的，对孩子提出的问题能随时解答，时间长了孩子学起知识就会像巢里的小鸟一样，叽叽喳喳等着别人喂。可怕的是，这种错误久而久之会成为一种思维惯性。在这种惯性驱使下，孩子懒得动脑，不利于提高收集信息和处理信息的能力、发现问题和解决问题的能力。

在现实生活中，孩子爱问、有疑问，证明他在动脑筋，标志着他正在进入理性和思考的世界。家长应该在欣喜中接受这种改变，并且鼓励孩子对事物有自己的想法和认识。要激发孩子的潜能就不宜在儿童早期做一问一答式的教育，那只会给父母造成孩子智力发展一切顺利的表面现象，而错过和贻误了孩子智力潜能开发的最佳时机和可能。因为孩子的思考是以自己感兴趣的东西为媒介，在父母的引导之下不知不觉发展起来的。不要自以为是地妨碍和阻断孩子的思考，要让孩子在众多问题中通过寻找答案而成长起来。例如，孩子在玩耍中发现蜻蜓在水里好长时间不会被淹死。可是，他们不知道蜻蜓的幼虫生活在水里……当孩子发问时，家长不应在第一时间告诉孩子答案，而应延迟回答孩子提出的问题，使他们在认真琢磨、仔细思考后品味到其中的乐趣。即使告诉他也只能做些提示，引领孩子一步一步解开这个谜。讲解问题要点到为止，不能讲得太细，要给孩子留有思考的余地。在很多情况下还要故意设置悬念，引导他们独立思考和解决问题，久而久之孩子的思维会越来越灵活。

2. 通过快速写字提高孩子的思维速度

在地震、海啸、车祸等灾害发生时，在那电光石火的瞬间，能否在极短的时间内做出反应是关系到生死的大问题，而此时总是思维敏捷的人能够存活。这个生存的硬道理告诉我们，智力潜能的开发和训练核心是提高思维能力和思维速度。平常我们形容一个人聪明就是脑子反应快，实际上是思维速度快，即当大量的信息扑面而来的一瞬间，我们只能处理其中的一部分信息，这一部分信息经过大脑处理，需要时间对正确的信息给予肯定，对错误的感觉进行修正，将不完善的形象补充完善……再把这些信息传送到大脑并形成正确的认识，从而迅速做出判断，整个过程的实质是各个器官协同运转的过程，协同的速度越快说明思维和反应速度就越快。在学校，学生的思维速度也有快有慢，快则学习轻松，慢则学习吃力。

人的思维速度是跟运动速度连在一起的，运动速度的提高可以拉动思维速度的提高。如果从小练就的写字快，这种快会拉动思维速度，使思维速度也得到提高。速度的提高就等于争取了很多时间，能够多学很多知识。实践证明，孩子思维速度快、思路清晰，做起题来就会很轻松。快还提高了他的阅读能力，如背公式、背课文都比别人快。这样既提高了学习效率，又增强了学习兴趣。

让孩子把学写字放在低年级，练字放在高年级。这是我们汉语人群改变思维方式、突破思维困境的迫切需要。因为从动作快到思维品质的提高，通过教学活动较容易做到，它的简单性只需在人生的某些时期建立规定的动作，以快为方式对人的智力品质进行后天的改造。也就是说，前者是后者的基础，后者是通过前者的发展而拉动和建立起来的各种能力的延伸。

快速写字这种学习形式需要相当积极的思维活动参与，势必促进和提高学生思维的灵活性和敏捷性，这种训练方法是其他思维训练形式无法比拟的。因为它简单，而且能够直接参与到每天的学习过程中。

因为植入"快"的基因，孩子在学校和家里都能很快写完作业，使笔头劳动的时间相对减少，让他们实现了真正意义上的减负。同时，在这种习惯下获得的能力也为他们将来更有效地学习和工作奠定了坚实的基础。

让孩子带着"我要上学"的欲望走进学校

孩子上学的动机有内在的和外在的，家长的嘱咐是外在的动力，外因必须通过内因起作用，外在的动力是促成上学的条件，而内在的动力，即"我要上学"的强烈愿望才是学习好的关键。

1. 保护孩子的好奇心

柏拉图说："好奇心是智慧之窗、知识之门。"从生理学方面看，一个人在对某种事物产生兴趣时，往往在生理上伴随着血液循环的亢进，大脑皮层得到较充分的营养，能充分调动注意、记忆、想象等心理因素，使之进入活跃状态。于是，人们对感兴趣的事物便会主动愉快地去探究，不但不会把它当作一种负担，而且会废寝忘食、乐此不疲地去做。事实证明：有着强烈的上学愿望的孩子，学习的自觉性高、后劲足。因为兴趣是知识的强化剂，是钻研学问的"发动机"。绝对不能靠哄着孩子，甚至打骂着把孩子强塞进幼儿园或学校，这样的教育十有八九是失败的。因为这样的孩子基本上没有学习的愿望，总有一天这样的学习会成为他们的负担。

每个孩子都喜欢故事，无论是从电视节目中看来的，还是听父母讲的，都能引起他们的极大兴趣。此时，父母要想方设法让孩子有一种"我要识字"的渴望和跃跃欲试的"我要上学"的欲望，这是孩子走进学校学习好的第一步。例如，当拿来故事书读给孩子听时，孩子喜欢，家长可以说："这里边还有好多好多有趣的故事呢，等你学会自己读就好了！"然后营造"要知后事如何，且听下回分解"的心理悬念，吊足孩子的胃口，激起他们"我想知道"的欲望。如果孩子对知识的需求已处于饱腹状态，便会食欲减退而丧失"我要成长、要进步"的兴趣。

现在很多家庭对孩子的教育格外用心，甚至是过度用心。很多父母被孩子一天比一天灿烂的笑容激起一种使命感，生怕因为自己的疏忽耽误了孩子的前程，从孩子两三岁开始就带孩子到处上辅导班，教孩子学这学那。当家长发现孩子能一字一顿地在书上、报上、街头广告上或电视屏幕上寻找到认识的字便格外高兴……四五岁的孩子能背上百首唐诗、宋词，能看完儿童版的《西游记》《寓言故事》，这样的孩子常常给人特别聪明的印象。其实，这是对智力开发的一种片面理解。智力开发并不简单地等同于孩子认识了多少字、会多背多少首唐诗，智力开发的重点在于激发孩子的好奇心、培养孩子的思维能力。有了好奇心，有了对知识的渴望，即使学前认识的字不多，掌握的书本知识有限，也不会影响孩子以后的学习。没有好奇心，没有对知识的渴望，认识再多的字，掌握的书本知识再多，学习都不可能成为一件快乐而可持续的事。

从智能开发的角度来看，学龄前的孩子心理上处于一种直觉认知阶段，是感知觉和价值理解的饥饿期。而这种饥饿感正是好奇心的原动力，好奇心得到满足才是孩子获取知识的主要目的。今天我们重视早期教育，一定要充分认识到培养孩子好奇心的重要性，让孩子自觉自愿地、自由自在地探究。这一点，从教育的角度来看，其重要性再怎么强调也不过分，因为这种好奇心的培养是未来的学习和发展取得成绩的动力基础。

6岁以下的儿童正处于心智发展的各种敏感期，其思维正在从以具体形象思维为主逐渐过渡到以抽象思维为主，其兴趣在正待启发和引导时却在整天做一些写字练习。而写字是一项精细的运动，幼儿在这方面的协调能力比较差，但在父母和教师的要求下过早地拿起笔。过早让孩子学写字容易引起肌肉紧张，从而导致幼儿产生厌倦心理，而渐渐失去了对写字及各种新奇事物的兴趣。能力得不到锻炼和培养，思想得不到自由的放飞，智慧和灵感得不到有效的激发，难以争取或保持优良的学习成绩。如果孩子处于不快乐状态，每天为了上幼儿园跟家长"讨价还价"，或在幼儿园每天从早到晚盼望着家长来接，就算幼儿园的教学水平再高，孩子在这种状态下又能学到多少知识呢？

2. 让孩子在玩耍中发展学习能力

五六岁的儿童需要逐步地从以具体形象思维形式过渡到抽象概括思维形式，如果此时对孩子进行能力和性格方面的训练，就会开发出他的潜能，孩子就有无限发展的可能。

儿童的主要活动是玩耍，他们要在玩耍中发展身体及双手的协调能力，借助这些活动，他们不断地观察、发现、思考、想象和创造。父母在与孩子玩耍的过程中，能充分利用玩耍来了解孩子的想法和感觉，了解他们如何表达兴奋和沮丧，观察他们的注意力、观察力、想象力和创造力，以及对语言的理解、记忆、表达能力，引领他们成长。所以，只有让儿童轻松愉快地玩耍才是正确的学习能力发展之道。

学前书本知识灌输得太多很容易让孩子失去对上学的兴趣，孩子走进学校后很容易认为"老师讲的我全会了"，殊不知这种"会"的兴奋能淡化所学新知识的刺激，孩子容易产生自以为是的心理而懈怠了听讲。学习兴趣、课堂注意力每况愈下，好学的习惯渐渐丧失，思考能力得不到发展，思维品质得不到提高，反而成为阻碍孩子学习进步的绊脚石。很多孩子只是被动地接受，甚至有些孩子在开学前还没上学就先厌学。在这种情境下，孩子看书时不会专心，上课时认真听讲的时间短，对教师布置的作业未听清楚便开始写。有时他们做一件事情，开始时情绪高涨，决心很大，可是热情支撑不了几天，常常虎头蛇尾。这是孩子早期教育中最常见的问题，家长要未雨绸缪，积极寻找解决这些心理问题的具体方法。

3. 学会保护孩子的自信心

跟孩子交流很容易取得他的信任和理解，哪怕是学校里的一点儿小事，他都愿意与你倾诉，正因为心灵相通便没有了代沟。当孩子失败了就帮他找到自信，去设法努力证明自己能行。每个孩子都是独特的，家庭教育就是在生活中进行的，无论采取什么样的方法都必须把爱作为永恒的主题。当孩子困惑时，不管孩子发生了什么，作为父母都要给他信心，而不是一味地指责。

在儿童的成长过程中，失败和挫折是必然存在的。对那些特别自信甚至有点虚荣的孩子来说，为他们的一时失败和挫折找一个可以接受的理由，会降低他们的挫折感。所以，当失败和挫折发生时，要根据孩子的性格特点探讨应该采取的方法，给予技术上的指导，因为儿童的失败和挫折很多是由于方法存在问题。我们要相信，孩子的成长是一个过程，对于他们的失败和过错，家长即使不进行严厉的批评，他们也会从中接受教训。

《道德经》有言"天下大事，必作于细"。生活中无论做什么事，有一些细节是必不可少的。孩子上学后家长要学会"陪读"——不是手把手地辅导孩子的功课，时时刻刻监视孩子的学习，而是为孩子创设一个良好的学习环境，培养孩子良好的学习习惯，促使孩子主动、自觉地学习。

1. 为孩子营造学习的氛围

无论家长是否意识到，事实上他们都是孩子的榜样。家长的一项重要的职责便是用榜样的行为和力量来教育孩子。

不要夸大学生的独立意识和独立能力，这一点非常重要。比如，我们通常能够发现一些孩子外在的独立性，表现为坚持己见。而不容易发现这些孩子实际上常常拿不定主意，这时候他们希望听到父母的见解和分析。如果我们漫不经心地让他们全部自己决定，他们会感到困惑和迷茫。有时，孩子向你求援时可能并不直接表达，而是采取迂回战术，甚至苦肉计、激将法。这时你不露声色地帮助他，他会变得更有信心。

2. 及时发现孩子身上不利于学习的因素

人的天性大致是相同的，但是在习惯方面却有所不同。习惯在幼小的时候最容易养成，一旦养成，要想改变过来却不容易。所以，在孩子成长的过程中，哪怕是很小的毛病也不能放过，力争消灭在萌芽状态。最好是在问题没发生前就预见到发展的趋势和可能，时刻提醒孩子。

喜欢涂鸦是孩子的天性，他们从中可以得到乐趣。但是，如果把这个兴趣带到课堂上，这看似是小毛病却对孩子的学习影响很大。因为小学低年级的学生获得知识的主要途径是记忆，其基本渠道是课堂教学，而将课堂教学的内容转化为学生的知识素质的基础就是学生的课堂注意力，因此良好的注意力就成为影响学生成绩好坏的重要因素。注意力集中并持久的学生对课堂知识的转化率特别高，而注意力不集中的学生，听课效率较低。这种注意力的差距导致了学生成绩的差距，从而不可避免地引发学生学习成绩的明显分化。这种差距积累得时间越长，矫正的难度越大。而且不良习惯养成了，学生对教师讲的课不放在心上，思考的习惯便无法建立，记忆和思维能力得不到提高，学习一定会越来越吃力，想改也不容易了。因此，家长要及时用商量的语言和婉转的语气规劝孩子改掉这个毛病。如果不及时改正，时间长了，对因这个毛病引起的其他学习问题，矫正起来难度会很大。

家长不要把孩子的早期教育推给社会、学校和教师，因为在学校教育中，教师没有精力时刻关注到每个学生。孩子身上的各种各样的问题，很多都要靠父母的机智去发现。一个好的家长首先应当具有敏锐的观察力和正确的分析能力，要"眼观六路，耳听八方"，善于在日常生活中及时了解子女的一言一行，捕捉各种细微的变化，进行正确的分析。切忌以成人的要求为标准，总把孩子往坏处想。对引起孩子变化的主客观原因要了解清楚，切勿主观臆想或道听途说。面对孩子的缺点，家长要以自己的经验为导向，切不可被自己的情绪和脾气"套牢"，而要用爱心和智慧帮助孩子改正缺点。生活中对孩子的教育事无巨细，父母对孩子的要求要一致，而且要持之以恒。有时孩子任性，父母对孩子不能迁就，该坚持的就要坚持，放松不放纵，使孩子养成一个良好的习惯。

3. 换一种方式与孩子交流

充分利用孩子喜欢的动画片中的语言和教科书中的文字表扬、鼓励或批评他，这样能起到事半功倍的效果。因为这种耳熟能详的随时代流行的校园语言、课堂语言和儿童语言更有人情味，更有力量，更贴近儿童的生活情趣和心理需要，使得批评变得亲切、鼓励变得鲜活、表扬变得生动……学习成了快乐的不需要逼迫的事情。例如，用熊的力量、豹的速度、狼的耳朵、鹰的眼睛等来形容他的意志、毅力、速度、效率、专注力和观察力等。孔雀、公鸡代表骄傲，小猫钓鱼意指三心二意……

在家庭教育中，家长必须找寻和采用一些更有效的方法需要创造一种彼此尊重和体谅的气氛，并提供一个机会与孩子愉快地相处。

家庭教育中，面对孩子我们不妨变换一种交流的方式："没考好怕什么？不用怕，咱们找原因啊！"把自己和孩子绑在一起，这样既能让孩子反省，又能加深和孩子的感情。此时，孩子会敞开心扉，家长通过仔细地观察、分析定能找到孩子学习出现问题的原因，将影响学习的因素遏制在萌芽中。

很多人都有过这样的体会：半个小时可以做完的功课，有的学生往往拖拖拉拉要花一个小时甚至两个小时的时间才能做完。同样的时间做同样的事情，有的人做得又快又好，而有的人则差得很远，这实际上除能力的因素外还有效率的问题。所以，培养效率意识要从小做起。

小孩子在面对学习任务时，都愿意在单位时间内加快速度做足够多的内容。家长可以对孩子说："用最快的速度学完计划的几篇课文，剩下的时间可以自己支配。"这样会充分调动孩子的学习积极性，使孩子在内心充满乐趣中强化效率意识。

4. 在生活中培养孩子的课堂注意力

上课走神、开小差是许多孩子的通病，是造成孩子学习吃力的主要原因之一，因为一个注意力涣散的学生，虽然他天天坐在课堂里，但由于心不在焉，收获也很少。最重要的是，小学低年级的学生注意力水平本来就比较低，不容易养成思考的习惯，思维的潜能得不到开发，以后的学习注定会比较吃力。每个家长都知道上课注意听讲的重要性，所以孩子跨出家门，这样的叮嘱就挂在了家长的嘴上："好好听讲！"相聚时谈起孩子，言语中更是透出对孩子注意力的重视："唉！嘴皮子都磨破了，他就是在课堂上贪玩，总不能到教室看着他吧！"

孩子注意力是否集中除受先天气质类型的影响外，还受幼年生活习惯的影响，生活中各个方面的习惯，如生活习惯、学习习惯、劳动习惯及品德习惯，都会影响孩子的注意力水平。在孩子成长的过程中，如果家长对同一件事或对孩子的某一点要求总是反复交代好几遍，即使是叫孩子吃饭、睡觉等都要说很多遍，孩子在这样的环境里长大，习惯了一件事情要家长叫很多次，所以总是不着急行动。这样的孩子入学后即使懂得尊重、合作等是一种美德，也会常常忽视教师讲的话，因为他已经习惯了家长讲话要重复好多遍，以为教师也会像父母那样重复。所以，漫不经心地听课，不能很好地理解教学内容，无法遵守教师课上和课下的要求，一节课下来自然也谈不上什么学习效果。久而久之，孩子失去的不只是合作等内在品质，课堂纪律不好、学习出现困难也不可避免。

因此，家长对孩子谈事情时应该只说一遍，让孩子养成只说一次话就立刻行动的习惯。例如，教孩子手工只讲一次要领，做一次示范动作就不再讲了。因为一边讲解，一边在做示范，孩子在看、在听，只讲一次，做一次示范就足够了。

性格决定命运。很多时候，孩子的学习问题是学习之外的品质决定的，而品质的改造对于解决孩子的问题是彻底的。事实上，利用儿童爱玩的天性，选择吸引孩子的游戏去改变孩子的个性品质效果会更好。无论怎样，它都远胜于坐在书桌前的枯燥乏味的强迫式的格式化培训。因为人是有思想的，无论做什么事其有效性和积极性很大程度上取决于兴趣。所以，家长应根据孩子的兴趣爱好培养和发展孩子的各种能力。比如，如果孩子喜欢花草，父母可以利用家中的阳台，买来花盆和一些花种，交给孩子管理，让孩子在培育花草的过程中明白，要想有收获就必须耐心等待，给它浇水，有时还要松土。让孩子学会把一件事坚持下去，无论怎样着急，今天撒下种子，它也不会明天就长大。

陪孩子到户外玩耍时，家长要有耐心，鼓励孩子一心一意地做某件事，在达到目的之前决不放弃。由于兴趣目标明确，孩子自己会要求自己克服困难坚持到底。即使遇到挫折也不会打退堂鼓，实际上孩子坚持长时间做一件事本身即是对自己意志力的培养和考验。

在生活中提升孩子的注意力，最大的优势就是简单和直接。这样的行为习惯日积月累，孩子会很在乎家长的每一句话，孩子上了学在课堂上会很认真地听教师讲课。而且，这种专注的好习惯，实际上是培养了一种无人提醒的自觉，一种以承认约束为前提的自由，使孩子终生受益。

坚持让孩子长时间做一件事，可以通过早期的生活体验式训练，发展他们的韧性。这样孩子无论做什么事都能沉下心来，从中体会到完成某种任务的胜利感。

习惯不是一蹴而就的，孩子的特点是三分钟热度，不可能靠家长或教师讲些道理就能坚持下去，要想达到目的就需要家长坚持下来，从一天一天做起，从生活中的一件件事做起。有心的家长完全可以通过生活和学习中的很多途径来训练孩子的各种能力。

5. 为孩子制订学习目标要理性

文化基础课是一个人必备的知识基础，也是将来获得更大发展的能力基础。此时，趁学习能力强的年龄不学，将来到了一定的年龄想学都难。

有人说，同时追两只兔子，到头来一只也追不上。一个人的精力和智慧是有限的，有所不为才能有所为。发展兴趣、发挥特长需要扶持和引导。一个人在某一方面特别有兴趣，对兴趣的爱好本身会引导着思维模式的发展，因为孩子的大脑功能在未成年之前是在不断发展与完善的。

6. 把孩子引进课堂

兴趣是最好的老师，可在学习知识的过程中总有一些枯燥无味、很难激发学生兴趣的内容，在传授这些知识时有赖于施教者用方法的新颖性来激发学生的学习兴趣，去获得最好的学习效果。很多课文在将要学时要带他去身临其境地感受，如到海岸边的森林去看啄木鸟，到田野里挂一身苍耳、蒲公英的种子再学《植物妈妈有办法》，为学《放风筝》去放风筝。在这自由和轻松的氛围里，当学习和玩乐融合在一起的时候，有些知识便不知不觉就跑到脑子里了，一点儿也不用死记硬背。玩得高兴，学得也高兴，兴趣自然而然就培养出来了。

不断激励孩子挑战自我

1. 为孩子制订学习计划

富兰克林说："明确的目标，清清楚楚地形成在自己的头脑里，是对自我实行系统管理的第一步。"要让孩子走得更远就要为他撑起一片天，还要帮他插上理想的翅膀。

长期以来，很多学生以学习为苦，体验不到学习的快乐。这样的学习一直是以被动接受的方式进行的。其实，很多课程都是一样的，当你主动去做才有趣味。换个方式学习你会发现快乐就在学习中。

2. 发挥家庭教育的优势，完善孩子的认知结构

家庭教育的优势是能根据孩子的个性特点和对知识的掌握程度，把握其情绪，掌握其学习的主动性，实现教育的有效性。例如，对孩子原有的基础知识的掌握一定要了如指掌，对他新学的知识甚至是每个字词的会与不会都要心里有数，这样才能在教他学习的时候少说或不说废话，这样才能在单位时间不变的情况下扩大信息密度和教学内容。讲课时根据教材的重点集中精力，不力求全面，而是取知识的要点做突破，使学生深入理解和掌握牢固。例如，学一篇课文，首先要让学生自读，遇到不会的字、不懂的词，就要在"精"字上下工夫，这里的"精"指的是精选教学内容和每课的精华之所在。

在施教中利用学科渗透旁征博引，寻找知识的亮点刺激孩子的兴奋点，有助于孩子逐渐养成利用原有知识对新知识点的链接思考和融会贯通的意识习惯。这样"一课一得"的日积月累会让孩子学到更多的东西。例如，洪积扇是河流或洪水冲刷堆积形成的扇形地貌，通过对"洪""积""扇"单个字义的解释，孩子会感受到文字带来的思考。通过对这三个字的组合使各学科内容综合讲解，会让学生涉猎自然、地理、物候及数学等的知识，便于知识以较完整的姿态呈现在学生面前。最重要的是，他会在这种授课环境中逐渐学会逐字逐句分析，理解字、词、句的形、表、意及文字背后的内在含义。为学好其他学科，尤其是数学中的文字题和应用题打下坚实的基础。

事实上，每个人都无法十全十美，如果说家长或教师的身份对我们有特殊要求的话，那就是耐心和付出，把自己放在第二位，把孩子放在第一位，一切以孩子为本。对准更富有建设性的目标努力下去，何愁找不到适合孩子的最佳教育途径，又何愁孩子不能健康快乐地成长。

3. 化解课本给孩子学习带来的负面影响

在现行的语文教科书中，目前没有标注号的是教读课文，标有"※"和"△"的是自读课文和课外自读课文。对于自读课文和课外自读课文，编撰者在说明中是这样写的：在教师的指导下，由学生自己阅读，培养自学能力、自读能力。自读和课外自读的自读提示中所提的问题不要求

学生必须回答，课后的练习可灵活掌握，不要求会做……仔细琢磨，我发现编撰者这样的说明会让学生错误地认为：学习中遇到难题，不会的题就可以"放你一马"。试想一下这会对学生的学习产生什么样的心理暗示？

显而易见，编者的目的很明确，意在借此提高学生的独立意识和独立阅读能力。但是，在小学课本中，这样的目的要求对小学生来说是不合适的，因为处于童年时期的小学生不同于初高中学生，他们特别单纯，相信权威，听父母的话，听老师的话，他们带着学习的意识走进学校，心理上感觉开始进入创造性的状态，此时，他们特别容易受到"相当于催眠术的暗示"影响，在这个阶段施教者的思想能够潜入小孩子心中，传达一种意识去支配他们。他们幼稚，天生就是一个热心的观察员，且特别对成人的一举一动感兴趣，尤其是对老师的说教更是唯唯诺诺。当他们从老师口中听到"自读课文"和"课外自读课文"不严格的要求学会和对出现在课文中所谓二类生字只限于要求学生用拼音拼出读音即可，这相当于直白地告诉学生：在学习的过程中，有些知识必须学，有些知识需要自学，有些生字或知识居然可以不学。换言之，有些难度较大的学习上的问题可以推后，或是可以先放一马。

不幸的是，儿童缺乏的正是对服从的节制和处理事情的原则和习惯。因为他们对于事物的认识还是处于启蒙和幼稚的阶段，所以决定他们的思维特点是缺乏批判性，而且年龄越小越明显，常常会以老师和家长的话作为衡量事物对错的标准，你问他为什么，他会说，老师说的，书上写的就是圣旨。在传统教育中"服从的孩子是好学生"。这种服从是一种效忠，一种对优势的服从，在孩子的成长过程中我们可以明显地看出他们服从态度的发展很自然地表现出来，提升到意识层面继续发展，直到在意识的支配之下遇到生活和学习上的困难时好退缩，容易服从他人，进取心差，意志薄弱等。

在学校教育中，老师给学生留作业，总是要求课后生字每个写 10 遍。虽然课后生字排列杂乱，但通过学生每个字写 10 遍的过程，不知不觉便记下了这种无意义的只能说是连在一起的一些独立的字。这一串毫无意义的字是杂乱的信息，这种信息没有语言逻辑，也不符合文字逻辑律，而且表达上杂乱，更谈不上表述，除了损害健康，还有思维紊乱后的贻害无穷。很多时候人们容易被某一事物的习惯性思维来束缚着眼界，习惯地受固有的知识和经验的影响。不知不觉地用以往相同的方法来认识事物和解决问题。而这种思维定式的破除则可使人们产生许多发明和创造。

　　经过对课后生字的顺序整理、编排，再用一些熟字去搭接，很容易把这些字重新组成一句切合的话，一句有意义的话。学完课文，当孩子抄写和识记课后生字时，抽象的东西一下子就鲜活起来了，学生不知不觉中学会了词语的搭配，句子的特征和细微差别等，更重要的是这样的每天每课时课后生字练习，学生会比通常的学习多学会了一句话。算起来小学阶段通过学几百篇课文，编排好后再通过识读和学写生字练习，学生会在无意中至少多学会几百句话。也许他们正是因为这几百句话日后能写出更精彩的文章，使我们的教育变得更有效。

　　方法从来不是不计较手段就能轻易取得的。在个体的多样性上，理论和方法的空间是广阔无垠的，时代要求我们理性地面对孩子的教育，用心甄别孩子接触的事物，用心收集引导和启迪孩子的方法和真诀，大胆取舍。要知道方法不是公式，在方法的运用上要有创新的举措，要吸收新知识，摸索新路子去实践个性化教育的思维空间上的实验旅行。

4.为孩子的进步加油

在学校的教育中，对号和分数能给学生，尤其是小学生的进步以鼓励，如果一个教师对某个学生的进步打了对号再额外地写上一句鼓励的话，这个学生一定会高兴一整天。而家庭课堂上的自由的"太聪明""太厉害"更是包含了无可估量的附加值。借助它能够很轻松地调节孩子的情绪，让它成为孩子学习动机的激活剂，使孩子更加快乐地学习。

无论对与错，孩子都为学习付出了真切的努力，他们是认真的、积极的。有了这些肯定，他们的思维会变得更积极，更喜欢挑战和超越，思维品质及各种能力能得到很好的培养和提高。所以，适时地给予别样的赞赏，保护和激发孩子意识中的上进性、好强性是必须的。只要他们以认真的态度去努力做每一件事就是成功的希望。

儿童的心智很有弹性，他们都争强好胜。教育者要随时把握孩子的心理，然后抓住机会给孩子适当的刺激，挑选好的刺激给孩子，孩子头脑就会迅速地发生变化，思维变得活跃起来。

5.让孩子在挫折中学会成长

孩子的功课不好，很多人会说是不专心、不用功造成的。而事实上不专心的原因是能力不够，而能力不够的原因是我们自觉或不自觉地沿用以前所习惯的一切来教育和要求如今的孩子，忽视了寻找引发这个问题的简单原因的可能性。要知道，细节决定成败。

人的很多习惯是在无意识的重复中养成的。但人的大多数良好习惯都是有意识地养成的。要使孩子有意养成一种良好的学习习惯，经历挫折才能让他体会得更深刻。通过教育能使他深谙其中的道理，会更懂得为什么要养成此种学习习惯，从而激发他养成此种良好学习习惯的欲望，从而自觉做到"我要学习"，而非"要我学习"。

帮助孩子不断提高学习能力

1.以字词为载体，培养孩子的记忆力

我们知道，注意是学习的门户，没有注意也就没有记忆过程。在传统的小学识字教育过程中，教师读着，学生默写着，而且有些教师把每

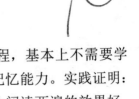

个字要读上几遍。这种听写方法只是一个简单的过程，基本上不需要学生记忆。这种缺失了记的听写过程不会提高学生的记忆能力。实践证明：在注意力涣散的情况下，阅读十遍，还不如集中注意力阅读两遍的效果好。这是因为当注意力集中时，大脑皮层的兴奋中心强烈，暂时神经联系易于形成，记忆效果就好。

一下子多读些字或词，学生除了听、忆、写还要忙于记住，再回忆。这种需要一边写、一边记下足够多的字，再忆写的强制性练习，对学生十分有益。

孔子说："学而不思则罔，思而不学则殆。"在数学的学习中，为了节省时间，只能是不用笔则尽量不用笔。这样，当学生对任务有清晰的了解时就会把心理活动稳定在选择对象上。通过每天这样的学习，有意识地去努力练习，既巩固知识又增强记忆。时间久了，记忆力就像人的体质一样，通过长期的不懈锻炼得到增强。

2. 背记范文，提高孩子的写作自信

只有孩子自己感悟到的东西才能被他真正拥有。教的真正意义是启发孩子自己去感悟、自己去思考，而不是告诉孩子什么是正确的结论。很多时候，孩子的教育绝不是用理论和道理来使他领会，也不单只是授以方法和知识，最重要的是要培养他的悟性。例如，每次出去玩或经历某个事情，都鼓励他把感想写出来，即使不写也要和他以闲聊的形式引导他，启发他口述出来。

因为听、说、读、写是掌握任何一种语言都必须具备的四项基本能力，是语文学习的一个整体，而丰富的生活实践能促使学生在实践中有所悟、有所感，有效地协调发展这个整体的每一部分，语文能力才能得到真正的提高。所以，这一点家长不要依赖学校，要尽可能多地为孩子创设体验生活的情境，让孩子去体验某种事实，体验某个问题，体验某项过程，体验某一结论，从而感悟出自己的东西。